おひとりさま
の老後

# 一个人的老后

[日]上野千鹤子 著

张静乔 译

长江出版传媒 | 长江文艺出版社

# 前言



越是长寿的人，到最后就越是会变成孤身一人。

无论是结过婚还是没结过婚，到最后都会变成孤身一人。

身为女性，最好在这方面有所觉悟。

在现如今的“少子高龄社会”，对于女性而言，“家庭生活”的时间正在缩短。即便拥有配偶，从平均寿命的角度来看，多数状况下先走一步的人都是丈夫。孩子至多也就一到两个，他们总有一天也会离开原生家庭。

如此一来，女性不仅要掌握与“家庭生活”相匹配的技能，是不是也该把“独自生活”的技能给准备妥当？既然所有人有朝一日都将变成孤身一人，那么区别也就在早点开始或迟些开始而已。

这时候，就该我（们）这种单身专业户登场了。提到独自生活的技巧，请尽管包在我（们）身上。本书的愿景，就是与变成孤身一人的你共同享受“一个人的老后”。为此，我（们）还向拥有漫长独自生活经历的老前辈请教了经验技巧。

老前辈的一番话能够让人明白：老后的独自生活完全不可怕。她们还为此而积累了诸多的智慧和方法。大家早就听腻了诸如“一个人会很寂寞”“老了以后谁来照顾你？”这种消极的话。

只不过，“一个人的老后”是需要有技巧和基础的，或者也可称之为“如何生活”的软件和硬件。在硬件方面，市面上已经出现了关于金钱和房子的各种指导书。这些方面虽说重要，但仅将硬件准备好仍算不上充分。我所重视的，便是名为“独自生活的智慧”的软件。

本书是为已经展开“一个人的老后”的你，或将要展开这种生活的你所送上的声援。至于原因，则是因为我本人已从展开这种生活的老前辈那里得到了诸多的声援。

欢迎进入“一个人”的生活。

## 第一章　欢迎进入“一个人”的生活

## 第二章　在哪里生活，怎样生活

目录
CONTENTS

# 第一章

# 欢迎进入『一个人』的生活

# 一个人的老后

おひとりさまの老後

## 到最后，大家不都是孤身一人

无论结没结过婚，所有人到最后都会变成孤身一人。

事实上，65 岁以上的高龄且没有配偶的女性比例在 55%，超过半数。其中，死别占比 46.1%，离婚为 3.5%，不婚则是 3.3%。反观男性，没有配偶者的比例为 17%，为少数派。

**而到达 80 岁以上，女性中的 83% 都没有配偶。**以酒井顺子[1]的畅销作品《败犬的远吠》（讲谈社，2003 年）来说，我就是“败犬”这方面的前辈。哦，失礼了，说到“败犬”的大前辈，还有诸如土井多贺子[2]这样的人物。在她们所处的时代，终生未婚率不足 2%。那是一个阿猫阿狗都会结婚的时代，“败犬”堪称物以稀为贵。

然而在那之后，不婚女性的数量持续增加。在我那个

---

[1] 酒井顺子（1966—）：日本作家，因《败犬的远吠》而被称为“败犬教母”。

[2] 土井多贺子（1928—2014）：日本著名女性政治家，前日本众议院议长、前日本社会民主党党首，中日友好事业的重要开创者和推进者。

时代仍然位居少数派，但到了酒井女士等人的时代，“不婚女性”早就不算罕见。结婚和不婚，都成了女性人生的选项之一。到了晚婚化的时代，流行过“只要大家一起过了适龄期就不可怕了”这种拙劣的笑话，而“败犬”人数的增加也不再稀奇。

## “一个人”的尽是女性

2005 年的日本平均寿命，女性为 85.5 岁，男性为 78.5 岁，日本实为世界最长寿的国家。平均寿命，指的是 0 岁时的平均余命，因此那些拥有活到 50 岁的实际战绩（换言之，也有许多人没能活到这个岁数就亡故了）的人们，他们在 50 岁时的平均余命会更长，而不是“我已经活到了 55 岁，所以只有 30 年好活”，所谓的平均寿命就是这么回事。

人群越是长寿，女性的比例就越是增长。在先进国家，0 岁时的出生性别比例，约为 100 名女性对 105 名男性。而在 2005 年的日本，迈入老年的性别比例则是：65 至 69 岁的人口为 52 名女性对 48 名男性，75 至 79 岁的人口为 57 名女性对 43 名男性，女性的比例逐步增加。到了 85 岁以上，则为 72 名女性对 28 名男性，比例约为 5 女 2 男。

在此结果之下，多数养老设施中，女性入住者呈压倒性趋势。这就是人们所说的**“21世纪是老婆婆的世纪”**。

## 欢迎回来，“再度单身”的女性

因离婚或死别而再次变成孤身一人被称作“再度单身”（Single Again），而不管是“一直单身”还是“再度单身”，到最后结果都一样。

进入40至50岁阶段的后半段，因与配偶离婚或死别而再度单身的人数在增加。拥有家庭的人和没有家庭的人的生活方式大相径庭，对于一时想着“对方有家庭，谈论的尽是老公孩子的话题，我可跟不上”的“一直单身组”的人来说，这是跟有家庭的人道一声“欢迎回来，欢迎进入单身生活”，并再次会面的时机。

就我自己来说，会产生一种“我等了你好久！”的感觉。并且还会想，什么嘛，只要等上一段时间，大家都会变得一样。

她们的“家庭生活”时期不会太长。孩子大概就有一两个，随着升学与就职，总有一天会离开家庭。其中固然有一部分孩子会没完没了地啃老，但长大成人的孩子就跟寄宿之人没差别。不必再为了做饭而心神不定地回家，做那个“下午三点的你”。在漫长的岁月中，主妇的门禁时间是准备晚饭的时刻；但此时哪怕大摇大摆地夜游，也不会有任何人说三道四。

**关于这点，过去的人称之为“后家乐”**[1]。只要把烦人的丈夫送走、成为“后家”，女性就迎来了春天。再让儿子拥有恋母情结，就能掌握一个家庭隐然的权力（这被称为“皇太后权力”）。今天泡温泉，明天看戏玩乐，这才是日本女性的“上位”。

然而在超高龄社会中，如果丈夫没能先走一步，女性就无法在自己身体健康的时间段享受“后家乐”。而“熟年离婚”[2]的增加，莫非是那些“再也等不下去了！”的女性，早早地给丈夫下达的最后通牒？我如此冷眼旁观。其中也有部分女性的丈夫仍在，她们却做好精心准备，并享受公认的夜生活与旅行。

事实上，在45岁朝上走的年龄段，无论是邀请已婚的朋友们晚上出去玩，还是诱惑她们一起去必须在外过夜的旅行，她们全都乐于参加。当下的时代，人们相互之间再也不会问出“老公的晚饭该怎么办?”这种无聊琐碎的问题了。

---

[1] 后家乐：原文“後家樂”（ごけらく），“后家”为寡妇、遗孀之意，此处保留原词。

[2] 熟年离婚：在日本泛指子女刚成人、正在步入老年的夫妻的离婚现象。“熟年”指45岁至64岁的群体。

## 享受“后家乐”所必备的条件

单身非常强大。这个意思是说，把自己的时间（如果可以的话，自己的钱）使用在自己身上一事十分强大。

享受“后家乐”所必备的条件，包括健康与时间、能够自由支配的金钱，另一条则是属于自己的空间。金钱方面，即便是自身没有收入的女性，也会拥有丈夫的遗族养老金。日本从2007年起，离婚时可分割养老金权利，但这样一来熟年离婚会不会猛增？

都说“主妇的时间是待机时间”。三居室的房子，家务劳动或许花费不了多少时间，但主妇需要在从学校回来到前去补习班之间的这段时间里把女儿的肚子填饱，为结束社团活动、饿着肚子回家的儿子准备餐点，确保给加班晚归的丈夫所备的晚餐随时处在温热状态。偶尔还要在突然下雨的日子，开车去车站迎接没带伞的丈夫。

如此一来，为了自己以外的家人而腾出工夫、处在待机状态，做妻子的究竟要在这些事上用掉多少时间？在偶尔的休息日，丈夫出差，儿子因足球比赛而“远征”，女儿参加模拟考试而不在家……这种从天而降的日子，让人不禁想：“好啦，今天一整天的时间都是我的！”请回想一下，这种日子有多么悠然自得，可以充分品味解放的感觉。一旦变成单身，这样的时间将一直持续下去。

## 50 来岁，女性想要做的事情还有很多很多

好友惠利子（以下仅出现名字的地方皆为化名）夫妻恩爱的程度众所周知。然而，在她 50 来岁的当口，其夫意外身亡，周围的人们都在担心“不知她会消沉成什么样子”，她却将人们的这种担忧一扫而空，生活进入了满负荷运转的状态。

“是他把现在的时间留给了我。”

以上为她所叙述的感想。50 来岁的女性元气满满，想要做的事情还有很多。

在其夫生前，只要一有长假，喜好旅游的两人便会结伴前往海外，但这样一来，女性之间的交往反倒变得很困难。现如今，她和朋友们时不时地搭伴，乐此不疲地享受海外旅行和温泉之旅。她还动用自己的房子为各种活动提供场所。在某次选举活动中，众人为某位女性候选人提供支援，她家的房子直接就变成了选举总部。在我看来，从她“再度单身”以来，我反倒可以毫不在意地在她家过夜了。若她丈夫仍在，反而会因多有顾虑而无法留宿。

若夫妻恩爱，一同旅行会十分快乐；若恰好相反，只有两个人的旅行便形同“上刑”。因为在旅途中，会为他人着想的都是做妻子的。根据美国的统计，在长假过后立刻离婚的数字在激增。夫妻二人独处，很难说是好是坏。或许是知晓这点，我认识的佳枝夫妻俩经常会在海外旅行时跟团。丈夫的目标是参加团体旅行的年轻女孩，妻子则认为丈夫独自旅行反倒比较好。这可完全算不上是“体贴老婆”。

不用看任何人的脸色，不必为了他人而腾出工夫随时待机，时间都是属于自己的。这样的时间究竟算是地狱还是极乐世界，取决于一个人是否有打发这种时间的技巧。

## “一个人”的家庭正在增加

“一直单身”和“再度单身”最大的区别，在于是否有孩子。成为“败犬”的条件，除了“没有丈夫”这条，另一条则是“没有孩子”。曾经身为“胜犬”的人，随着年岁增长，有朝一日也会失去配偶而孤身一人，但这些人还有孩子。唯有在这方面，“败犬”是没有胜算的。话虽如此，现如今这个世道，孩子当真能成为老后的依靠吗?

**围绕高龄化的变化上，最显著的就是与孩子同居率的降低。**65 岁以上的高龄人与孩子的同居率，在 1980 年代约为 70%，而该比例在不断降低，在 2000 年不足 50%。相应增加的，是唯有高龄夫妻的家庭与单人家庭。

现如今，高龄人的基本生活方式如下：首先，夫妻在一起的情况下，两人共同生活；当其中一方需要护理时，由夫妻之间进行老人对老人的护理；在某方先行一步时，就从中途开始与子女家庭同住。

假设是在年逾八旬之时护理配偶的父亲或母亲，其子女应该也超过 50 岁，多数在远离父母的地方生活着。因此，若要选择与子女同住，则父母要远离住惯了的房子和土地，搬到子女的居住地。

在这个年龄层，子女一代人仍未退休，因此无法离开工作所在的地域。假如与儿子夫妻同住，已完成养育孩子工作的媳妇早就是堂堂的一家之主妇，因此不得不遵守“家风”的人并非媳妇，而是其后入住的婆婆。

失去熟人、被迫适应陌生的土地、遵守别人家的家风，视情况而定或许会被看作“麻烦的人”的老年生活，绝对称不上幸福。事实上，从老年人的幸福度调查来看，从中途开始与家人同住之人，幸福度相比从一开始就与家人同住，或独自生活的人要来得低。

“儿孙绕膝的生活很幸福”这一老后观念，正在快速消失。自己在 80~90 岁的老后阶段，子女则在 50~60 岁的年龄段，孙辈差不多也到了 30 多岁。中曾根康弘[1]出任首相时，曾发表过“将孙辈抱在膝上的老后生活很幸福”这种老后观念；而回复他“把 30 多岁的孙辈抱在膝上会大腿骨折”的，则是“改善高龄社会的女性协会”代表——樋口惠

[1]　中曾根康弘（1918—2019）：日本第 71、72、73 任首相。

子[1]女士。

## 姥舍分居、勉强同居，那么，你怎么想?

生活在夫妻家庭中的高龄者，在其中一方去世后继续独自生活的情况在增加。这就出现了高龄诞生家庭率的增加。

在高龄者家庭中，夫妻家庭的比例在1980年为19.6%，2000年则为33.1%。单人家庭的比例在1980年为8.5%，2000年则为14.1%，两者都在增加。与子女的同居率在减少，夫妻家庭和单人家庭随之而增加。

高龄者同居率事实上存在经济差距。将高龄者同居率数据按照上层、中层、下层的经济阶层区别，可以看出上层、下层偏低，而中层居高。换言之，经济阶层和同居率并不存在正相关。这意味着，房子是宽敞还是狭窄，并非决定是否同居的理由。这又该如何解释呢?

在下层，就算想住在一起，孩子也心有余而力不足，因而有了**“姥舍分居”**[2]；上层虽说有足够的空间能够共同居住，却选择分开住，称作**“选择分居”**。与其相对应的，中层人无法舍弃父母，却又没有维持两代人的能力，这就是所谓的

[1] 樋口惠子（1932—）：“改善高龄社会的女性协会”理事长、东京家政大学名誉教授、女性未来研究所名誉所长、日本社会事业大学名誉博士。

[2] 日本民间故事中，古代资源有限，子女会把年迈的父母背上“姥舍山”丢弃，任其自生自灭。

“勉强同居”。假如有足以维持两代人生活的经济能力，父母也会甘愿选择分居，这点看日本皇室都能明白。同居这件事，无论从哪方的视角来看，都谈不上是“甘愿”的选项。

## “一起住吧”是恶魔的低语

“妈，一个人住想必很寂寞，用火安全等方面也让人担心，要不要过来跟我一起住?”孩子所提出的这种邀约，我称之为“恶魔的低语”。

孩子最看重的是自己的生活，根本不会那样孝顺父母。他们的真心话其实是“万一引发火灾，会给我们惹麻烦的”“如果需要看护，我们可就惨了”，全都基于自身的利益。假如老人有不动产，孩子或许会有“只要照顾到最后，或许就能独占父母的财产”的打算；又或许是对“居然撇下年迈的父（母）亲独自一人”这种外人的目光过分介怀。如果话说到这个份上太过分的话，那么子女让父母同住，或许是出自“与其待在远处让人担心，不如留在能看到的地方”这种为自己方便的想法，或者“把年迈的父（母）亲独自撇在一边，我是不是太不孝了”这种罪恶感。

事实上，调查显示，承担照顾老人的责任，有时是出于“明明能做却没有这么做的自己”的某种自责。这种护理，我称之为“情分护理”或“赌气护理”，而无论情分还是赌气，说到底都是孩子那辈人视自己的情况而定。父母辈不能被孩子的“视情况而定”所左右。

我没有孩子，因此不是很懂；但成为父母的人，似乎都有即便孩子长大成人也要得到孩子的爱、看孩子脸色行事的倾向。

“妈，要不要过来跟我一起住?”对于孩子的这种提议，多数人会将其误认为是究极之爱的表现。因为不知孩子何时会提出这种建议，因此有人无法下定决心去改造房屋，或者对申请入住老年公寓之事犹豫不决。这样一来，就无法嘲笑那些随时可能找到结婚对象、因而迟迟无法制订自己的生活计划，并在晚婚化的道路上不断前进的年轻女性了。

麻烦的是，就连孩子都将提出这种建议的行为，误认为是究极的自我牺牲与孝敬父母的表现。因“只要想做就能做到，但我却没这样说出口”而不断自责的女儿或媳妇，我就认识好几个。无论是父母还是孩子，都是善良且诚实的人。正因如此，“要不要一起住”这种邀约，对任何一方来说都是“恶魔的低语”。

## 能够维持“温柔的女儿”状态的距离

据说，我的父亲自从妻子先走一步之后，似乎一直偷偷地希望能跟我住在一起。在父亲过世之后，兄弟们如此告知我，使得我大吃一惊。

如此说来，在我与伴侣解除同居，开始独自生活之后，从状态上来说确实像有欢迎父亲同住的样子。当我仍有同居人的时候，父亲会有所顾虑；而当我恢复单身，他独自前来长期居住也不成问题。

之所以没能说出“我想跟你一起住”，全是出于他的自尊。他希望我能够亲口说出“爸，要不要跟我一起住”。他似乎把这个从未亲口对我说过的愿望，说给了我的兄弟们听。

我会不时思索，假如他直接说出口，情况会变成什么样。我是会断然拒绝的吧。假如我的生活空间里出现了用自己的方式坚持自我主张的父亲，我们双方都会显而易见地陷入凄惨状况。即便我能够在一两周内表现得像个孝顺父亲的女儿，这样做上一个月、一年绝对办不到。多年的经验告诉我，用不了多久我们就会发生冲突，并生出严重的矛盾。

因此，我们最好还是保持能够维持“温柔的女儿”状态的距离。以上是我现实性的判断。

## 同住是检验究极之爱的手段？

我兄长的妻子，对于自己长期以来都不曾对丈夫的父亲说出“要不要一起住”而自责，但从现实角度去考量，这对于双方来说都是正解。在日本社会中，“要不要一起住”这句话发挥着检验“爱”的手段的作用，但说到底这都是错误的。

因此，在面对“爸妈，要不要跟我们一起住”这种“恶魔的低语”时，应该干脆地如此答复：

“谢谢，你有这份心意就让我很高兴了。但我还是住在这里不动了。”

关键在于，这对彼此都好。假如回答“哎呀，这样啊，我好高兴”，在乐呵呵地开始同住的瞬间，就会丧失老后难得的平静生活，甚至亲子关系都有可能遭到破坏。

在被父母断然拒绝之后，孩子也就能安下心来。如此一来，孩子就会想“我可是提出邀请了哦。但妈觉得自己待着比较好，还真任性呢”，问题就这样解决了。

**无论是父母还是孩子，似乎都想要做个“好孩子”。**

假如在中途开始同居，最终被负担不了护理的孩子送进某处的带护理的养老设施中居住的话，倒不如选择在住惯的自己家中，直到最后一刻都独居。为了实现这一目标，有一个条件就是当地必须具备足够的护理资源，这样即使不依赖子女也能安心地老去，这一点在后面会详细叙述。

## 变成“一个人”的过程

在人世间，既有选择孤身一人的人，也有在不得已的状况下变成单身的人。反过来说，有人因喜欢对方而选择与其在一起，也有人勉为其难地跟他人同居（后者似乎还比较多）。

人们变成“一个人”的原因是各式各样的。

在开始为本书而进行采访的时候我注意到，每个人在变成“一个人”之前，都有过一段漫长的故事。

### 人生各种各样，独自居住也各种各样

“人类孤身一人出生，孤身一人死去”，这在生物学层面来说是不正确的。出生的时候，至少会有生自己的母亲在身边。

在社会学上，将人们出生的家庭称为“原生家庭”[1]，自己组织的家庭则称为“生殖家庭”，没有原生家庭的人十分少见。社会学者山田昌弘[2]将成年之后仍旧离不开原生家庭的孩子称作“单身寄生族”（《单身寄生时代》），这些人虽说是没结婚的“独身”，却并非“独自生活”。

今时今日，因升学或就职而离开原生家庭的年轻人在增加。统计层面的单人家庭比例增多的原因，是未婚的单人家庭和高龄者的单人家庭都在增加。

因晚婚、不婚的流行，在独自生活方面拥有经验的人的比例高涨。

我在大学所带的学生，有人选择了以“共同赚钱的情侣在家务方面的分担”为主题进行毕业研究，从调查结果来看，拥有独立生活经验的男性在一般情况下的家务能力都很强，会自然而然地行动，分担起家务来得心应手。如果要选，就选有过独立生活经验的男人！比起耍嘴皮子，还是身体力行地做家务的男人才算“条件好”。

另外还有一组数据：在大型企业中拥有调动工作经验

[1] 原文为“定位家族”，此处采用中文比较常见的称谓。
[2] 山田昌弘（1957— ）：日本人口学家、内阁府民间议员、中央大学教授。

的人中，单身赴任[1]率不断高涨，几乎一半的人都有过这方面的经验。中老年男性的单人家庭率也在上升。若不想让饮食和居住水准下降，独居的男性也被要求拥有家务能力。单人家庭可不是未婚人士的专属。

## 女性晚婚化发展的原因

对于上一辈的女性来说，独自生活可谓做梦。因为“结婚”是离开父母家的唯一选项。正因如此，一心想要离开家庭的人，也会选择把男人当作踏板而结婚。而这样的婚姻是不可能顺利的。

在稍早之前，所谓幸福的婚姻，是指父亲亲手将心爱的女儿交到丈夫的手中。直到现在，婚礼上仍然沿袭着这套仪式。“我会终生守护令爱”，对于女性来说，这句话意味着庇护者的延续。话说，皇太子[2]也对雅子[3]说过这样的话。干吗要其他人来保护自己啊。**“一辈子让其他男人来保护自己”，这种照拂纯属多余。**

从父母的手中被直接递交到丈夫手中，随后立刻怀孕

[1] 单身赴任：员工（通常为男性）被企业派到外地甚至外国工作，但妻子和孩子仍然留在原来的城市继续生活。

[2] 指日本现任天皇德仁，原书出版时（2007 年），其仍为皇太子。

[3] 即日本国现任皇后，原名小和田雅子。

生子、成为母亲，再匆匆忙忙地养孩子，就这样度过人生的女性，从我这代人往上数还真不少。与往日有所不同的是，随着孩子辈晚婚化、不婚化的推进，他们的下一代人都没怎么诞生。并且，由于结婚的同时就是离开父母家、拥有另一个家庭，因此留在父母家中的尽是些未婚的子女。女性晚婚化变得可能的原因之一就在于此。女儿之所以能够不停在家中做寄生族，是因为过去那种“你一直赖在家里，哥哥不就娶不到媳妇了吗”的压力已不复存在。

因此，对于多数的女性来说，变成“一个人”的经过，是孩子们一个两个地离开家、与丈夫两人共处、随后看护丈夫……过程十分漫长。而对于“不想变成孤零零的一个人”或“不想跟丈夫两人共处”的女性来说，孩子是十分重要的资源，好像孩子是种无论长到几岁都可阻止其自立、一直放在身边的玩意儿。寄生族的背后，是孩子利用父母隐匿的欲望而打起的如意算盘。

## 当“两个人”变成“一个人”时

在变成孤身一人之前，有一个从“两个人”到“一个人”的过程，其中包含丧失的体验。而在丧失之中，**造成最大伤害的则是配偶的丧失**。“丧失宠物症候群”等正成为话题，但与上述丧失相比较，根本不可同日而语。

原以为这种丧失仅限于感情好的伴侣之间，其实则不然，这就是夫妻关系的谜团。伴侣之中，特别是长时间生活在一起的夫妻，爱恨也会如同绳索一般纠缠在一起，就如同缠绕在式子内亲王墓塔上的定家葛[1]，形成了共依赖关系。

### 妻子亡故后，男人就会哆哆嗦嗦地倒下

我的双亲绝对称不上是感情良好的夫妻，做丈夫的对

[1] 式子内亲王是白河天皇（1053—1129，日本第72代天皇）的第三女，同时也是一名优秀的和歌诗人。她与同为和歌诗人的藤原定家暗生情愫，却因年龄与身份悬殊，这段感情无疾而终。式子内亲王郁郁寡欢，且终生未婚，53岁时去世。此后，对这段感情念念不忘的定家的执念化作定家葛，缠绕在式子内亲王的墓上，无论人们如何砍伐也无法清理掉。

妻子的依赖程度却非常之高。更正确地说,实情其实应该是,正因为没有其他选项，才不得不在生活和感情方面全盘依赖妻子吧。因此在支柱崩塌后，男人也会哆哆嗦嗦地倒下。

母亲还活着的时候，发牢骚地表示“这种人啊，如果没有我就什么也做不了”（话是这么说，很多妻子却没有跟蛮横的丈夫分手），同时又担心被独自留下来的丈夫，心心念念地想着“哪怕一天都好，让我比孩子他爸活得长吧”。

“拜托了，请让妈妈比爸爸长寿吧”，我们这些做子女的祈祷般的愿望也落了空，母亲先父亲一步而去。看着父亲在那之后变得憔悴不堪，我们都暗忖，恐怕父亲也时日无多了。从那以后，父亲度过了没有妻子、独自生活的 10 年，他本人却表示“（孩子的）妈妈过世之后，我的人生中再也没有了盂兰盆节和正月”，过着形同“家里蹲”的生活。文艺评论家江腾淳在妻子过世之后不到 1 年自杀的消息被报道出来，与其说他是追随爱妻而去，不如说他在身心两方面都不知该如何面对失去支柱的人生才对。

## 夫妻的不可思议之处

这种相反的状态，在妻子身上则很难想象。根据最近的数据，似乎能得出这样的结果：在 70 岁的人群中，有妻子的男性相比有丈夫的女性压力要小很多；同样的年龄段，有丈夫的女性与失去丈夫的女性相比，后者的压力更小。应该就是这样没错吧。话虽如此，即便是对彼此恨到不行的伴侣，丈夫亡故之后，做妻子的也会为之而悲叹，这就是夫妻的不可思议之处。

某个即将60岁的女性，每次见面都会对丈夫的愚蠢抱怨个没完。后来她的丈夫因病亡故。隔了一段时间后重聚，她满脸憔悴地出现在碰头的地方，并如此叙述："总想着他不在了会比较好，但真的死了，没想到会这么难耐。"

从早上起床到晚上睡下都会面对面，就算彼此之间没有对话，也会围坐在同一张餐桌上，看着同样的电视节目嘲笑艺人，共同面对孩子或孙辈的欢喜与麻烦，与自己共同制造出每一个日常生活的对象"仿若空气般存在"。然而，正因为是"空气"，一旦消失就会感到窒息。无论爱还是恨，都是关系深刻的尺度。一旦失去维持了数十年不痛快关系的那个人，丧失感之深刻，简直超乎想象。

## 正因为两个人在一起，有时也会被孤立

即便如此，孤身一人的还是会想说："等一下，没有分散风险的你是不是也有责任?"对于任何人来说，1天都是24

小时，将其中的大半与家人一起度过，与家人以外的人们度过的时间自然有限。有一句话叫作**“面对面的孤独”**，正是因为两个人在一起，有时也会被孤立。

独自一人的好处与有伴侣的情况有所不同，即他人能够轻松地与你打招呼。这种轻松的感觉，在进餐的时候就能够发挥出来。就我而言，想要招待什么人吃饭的时候，比起情侣，对方是单身的情况下更容易招呼对方。

反过来说也是一样的。当一个人待着的时候，他人也能很轻松地跟你搭话。“要不要过来一起吃个饭?”“要不要干脆在我家过夜?”“如果你不介意睡客厅沙发的话。”“有段时间我不在家，这期间要不要用我的房子?”诸如此类的。在国外旅行期间，到底有多少人跟我搭过话啊。于是我就兴冲冲地取消酒店预约，跑去别人家蹭吃蹭住。假如是情侣的话，这种情况就不会发生了吧。总不见得对情侣说出“睡在我家沙发上”吧。

## 死别单身的选择

在丈夫退休之后，君江为了陪伴丈夫实现常年以来的梦想——居住在山庄里——而搬离都市。就在他们认为即将在自然的环抱之中安享夫妻二人的富裕生活之时，丈夫的身体出现不适，随即查出了癌症。

在乡下地方，为寻求最好的医疗而奔走多有不便。君江陪着丈夫，不止一次地花费数小时，往返于位于东京的医院。主治医生建议，为了提高免疫力，本人应该住在自己喜欢的地方；丈夫也不愿离开从早到晚都有小鸟飞来拜访的山庄。与病魔斗争的生活如同两人三脚，夫妻二人的羁绊相比从前更为增加。君江持续着献身般的侍病生活，丈夫心怀感谢地亡故。在君江心中，有着竭尽所能、做到一切该做的事的成就感。

山庄海拔 1600 米，严寒期道路会上冻。在完成对丈夫的看护之后，年逾七旬的君江也不再离开山庄。那里是丈夫心爱的居所，同时也充满了对丈夫的回忆。考虑到过冬需求而建造在别墅区的山庄为全馆暖房，君江从二楼移居到一楼，为了居住紧凑而精心设计的住宅，看上去就让人感觉舒适。身在大都市的儿子问她:“妈，要不要跟我一起住?”君江却认为住在山庄最好。落满大雪的阳台上，即便在寒冬时节也有小鸟飞来。她的乐趣就是每天清晨喂鸟。

君江热爱并尊敬着自己的丈夫。当查出癌症，他面对疾病的态度也十分坚毅，同时还不忘幽默，十分令人敬佩。想要如此迎来“两个人”生活的终章，夫妻关系必须在此之前就十分良好。

佐代子也是一名在重归单身之后选择在山里生活的高龄女性。

在 50 多岁时，丈夫出乎意料地先走一步。对成年的孩子们“一起住吧”的招呼完全无视，佐代子在 60 多岁时选择了独自居住。从出生起，她第一次按照自己的意思建造房子，从长年以来住惯的都会公寓搬出。她擅长香草和兰花方面的园艺，并且还表示自己一直憧憬住在这种风格的庭院之中。丈夫先走一步之事固然不幸，但假如因工作而忙碌不堪的丈夫仍在，她就无法在这种自然的环境中生活，对她而言，代表着积年梦想的落空。

无论君江还是佐代子，都对与孩子们同住或住在孩子附近的选项视而不见。她们两位都是脊背挺直的女性，而佐代子则表示“丈夫还在的时候，我过着对他言听计从的生活”。看看她本人现如今的面貌，简直令人难以置信。

“丧失”的体验确实会让人很难受。

然而，**丧失的同时也给人带来了自立**。无法从失去配偶的经验中重新振作起来的，似乎是男性居多。

君江没有离开充满了她与丈夫回忆的家，佐代子则搬离了与丈夫一起住过的房子，重新开始。即便继续在同一所房子里居住，在失去同居人、开始独自生活之后，生活的方式都会有所不同。她们两位都与亡故的丈夫关系良好，在与病魔斗争与看护方面，都拥有竭尽所能所带来的充足感。经历过“还可以”的两人生活的人，应该也能接受并下定决心独自生活的吧。

## 离婚单身的选择

独自生活，意味着专属自己的空间得以确保。“我自己一个人的家”应该是单身的梦想吧。而想要拥有它，并没有想象中的那么困难。

在离婚后孤身一人的浩子，在孩子成年之后建造了“一个人的家”，搬到了乡下。在大自然中生活，一直以来都是她的梦想。

独自生活、建造“一个人的家”、实现自己的梦想，这种快乐在“再度单身”的老后等待着你。房子再也不是为了与家人同住，而纯粹是为了自己。再也不必顾虑任何人，可以随心所欲地建造。

建造房子，对于男人来说是一生一次的购物、“男人有出息”的证明；而对女人来说，应该也是最大的嗜好吧。老后的女人的家，不需要追求身份的象征，只需让自己舒服就好。只要在土地便宜的地方建造低成本住宅，压根花费不了太多的钱，建这样一栋房子比在大都会购买公寓都要便宜。自建住宅的隔热、保温、气密性等功能也在进化。

我辗转于公寓和新建住宅之间，但每一栋房子都是现成的。转租他人的房子我也曾经历过，也习惯了迎合他人的生活方式，但在死之前，我还是想要按照自己的想法盖一栋房子。

## 不婚单身的选择

和美是这一代人中罕见的不婚单身者。她持续辛苦工作，在 60 岁迎来退休，又在朋友的民宿住了一圈，最终找到了一块令自己满意的土地，盖好了最后的住所。

那是一栋一户建[1]的平房，朝南的庭院为家庭菜园，农作物在狭小的地方排列着。这是她的梦想。她那努力又毫不偷懒的性格也再次得到充分的发挥，即便没有下田的经验，也能采摘到令当地的农民都吃惊不已的茄子和番茄。我也不知陪伴了她多久呢。

[1] “一户建”（いっこだて）在日语中指独门独院的民居。

和美身体强健、乐于助人、心情愉悦，周围的人都很仰慕她。她在过了5年自己梦寐以求的生活后突然查出癌症，没能尽兴便离世。如今她梦想中的城堡变成了偶尔造访此地的弟弟夫妻的别邸，南面的菜园早已不见踪影。

无论君江的丈夫还是和美，都为了实现自己微小的梦想而无所顾虑，让人不由自主地想，要是能更早地开始这种生活就好了。

## 再度拥有伴侣的可能性

尽管自觉失礼，但我还是对在 50 来岁成为“死别单身”的君江，以及 40 来岁成为“离婚单身”的浩子提出了以下的问题。

“在失去伴侣之后，你有没有想过再找一个伴侣这个选项?”

君江的丈夫，为妻子在自己死后的生活打好了基础，带着对她的感谢之情死去。据说做丈夫的留下了“不要再婚”的遗嘱，但君江一边喃喃自语地说着“那人实在太任性了”，一边遵守着这句话。

浩子则表示“也不是没想过，但想要与之交往的男人一个个地都走了”。若非年长且值得尊敬的男性，她可是看不上的。

这样一来，随着年岁增长，恋爱市场也随之而愈发狭小。只要不拘泥于年龄和职业，选择范围也会扩大。伴侣关系从

“我来守护你”这种庇护关系，到同志一般的双打比赛，再到宽恕对方的年轻稚嫩，各种各样。察觉自己意外的一面，也是邂逅所带来的发现吧。

## 人生充满意想不到的邂逅

身为高龄单身的大前辈，评论家樋口惠子女士在 30 来岁时成为“死别单身”，在 40 多岁以事实婚姻的形式再婚，60 多岁再度因丈夫亡故而恢复单身。她的电子邮箱地址由三个字母构成，取自父亲、最初的丈夫和第二任丈夫各自姓名头一个字。其中的意义，似乎是表达对养育、鼓励、支持她的三个男性的感谢之情。对于受尽男人迫害的女性来说，这是值得羡慕的。在她所处的那个世代，女性想要出人头地，男性导师（陪衬者、应援者）起到的作用非常大。

樋口女士是浪漫主义的信奉者，因此在听闻她邮箱地址的由来时，有人问出了“遇上第四个男人要怎么办呢?”的质疑。这当然不是开玩笑。“女人的赏味期限已过”之类的焦虑，是迎接中年危机的未成熟者的台词。成熟之后的人生十分漫长，人生充满意想不到的邂逅。谁都不知道，在 70 岁之后，樋口女士会不会还有什么邂逅。

我之所以会这么说是有理由的。有数据显示，喜欢婚姻之人会毫不气馁地数次结婚，而不喜欢婚姻的人则从不结婚，人们都有这种倾向。

知名评论家石垣绫子与在美国十分活跃的画家石垣荣太郎是一对恩爱夫妻，在丈夫过世后不到一年，她便再度步入婚姻。她不顾周围人的非议，如此表示：

“正因为前一段婚姻生活实在太幸福了，所以我才能毫不犹豫地再婚。”

尽管她的第二段婚姻只持续了短暂的时间便以离婚收场，但我十分理解她的心情。

## 有伴侣，却不同居的风格

随着离婚数字的上升,再婚的数字也随之而攀升。然而，我身边的“再度单身”人士，无论是与伴侣死别的还是分手的，都勇于追求新恋情，但其中的多数人，都不会选择婚姻或是同居。

养育两个十来岁、茁壮成长的儿子的幸子在离婚之后，重新有了恋人却不打算再婚，她让两个儿子喊对方“叔叔”，保持着这种交往的状态。相比很少顾及家庭的前夫，这位“叔叔”不仅博学多闻，还跟两个男孩相处融洽，同时收获了男孩们的尊敬。若硬要儿子们称呼对方为“爸爸”，正处在难搞的年龄的儿子们与男友之间的关系就很难说会变成什么样了。

等到从“养育孩子”中毕业，幸子计划搬离一户建，跟男友住进同一栋商品楼不同的公寓房里，时而一起进餐，时而一起出门旅行，维持长久安稳的关系。我去她家拜访时曾见过她的卧室，里面摆放的并非双人床而是单人床。这种以“一个人生活”为基础，“偶尔过两人世界”的选项，正是幸子充满智慧的风格，似乎也让她十分幸福。

## “孤身一人想必很寂寞吧？”

## 简直多管闲事

一个人住想必很寂寞吧？

美国的住宅都很宽敞。在广阔的土地间盖上早期美式的房屋，那种相互调和、鳞次栉比的郊外景色，拥有日本的住宅区所没有的丰富感。

位于美国纽约州北部、康奈尔大学附近的伊萨卡（Ithaca），是一座松鼠会出现在庭院、充满大自然恩惠的小镇。以英语教学法大师而闻名、年逾六旬的埃莉诺·乔丹（Eleanor Jordan）教授正居住于此。乔丹教授深谙日本人在英语学习法上的缺陷，开设了面向日本人的英语集中教学。在 20 年前，她曾邀请班上的全体学生前往自家宅邸参加派对。

我的某位带着家人一起前去的同学（当然是男性），在回家路上这样说道：

“独自住在那么大的房子里，想必很寂寞吧？”

我噗嗤笑了出来。简直多管闲事。

许多美国的职业女性都有离婚经验，乔丹教授也不例外。**在将孩子们抚养成人之后，她独自居住在大宅邸中。这可是非常让人羡慕的，哪里需要同情了?**

在那之后，我又认识了数位住着一户建、独自一人生活的高龄女性。让轮椅能轻松移动的舒适结构、让整栋房子没有温差的暖房设备（当时我甚至连“中央供暖”这个词组都不知道!)，足以让 20 多年前的日本人垂涎三尺。其后，日本终于推出了高龄者住宅的标准，哪怕房子再宽敞也不存在困扰。假如维修遇到困难，只需交给专业人士即可。

那种错把如同蟑螂一般黏在一起生活的方式当作“不会寂寞”的贫乏想象，都给我适可而止吧。不要再把高龄者独自生活说成“想必很寂寞”了。尤其是在当事人选择了这种生活方式的前提之下，这种说法简直多管闲事。

正如先前的数据所示，高龄者独居的家庭正在增加。既然要住，比起住在建造质量差劲的公寓，当然是在具备中央供暖的一户建（只要不存在经济方面的问题）中生活更为惬意不是吗。

# 第二章

# 在哪里生活，怎样生活

# 一个人的老后

おひとりさまの老後

## 最低条件是“只属于自己的住所”

在从家庭和工作中“毕业”之后，若想要享受专属自己的空闲时间，此处的最低条件，就是拥有“只属于自己的住所”。

有这样一件事，从以前起就让我备感不可思议。

住院的病人、入住养老设施的老年人，都诉说着“我想回自己家”。将患者和高龄者集中在一个设备齐全的地方一起照顾，对护理人员来说是方便行事的，对患者或高龄者本人来说却并非如此。入住医疗机构是为了治疗，只要忍耐一段时间即可，患者总会有“总有一天能回家”的期待。

然而，对于多数的高龄者来说，养老设施是一个住进去就再也出不来的地方。话说，曾在特别养护养老院担任警卫的小笠原和彦[1]曾写过一本名为《没有出口的家》的作

[1] 小笠原和彦（1945—）：出生于日本秋田县，中央大学法学部毕业。曾在千叶县野田市政府、《市民》杂志工作，从事工厂工人、警卫等工作的同时持续写作。

品。当他在《世界》杂志上连载文章时，我就注意到了他的文笔。在感觉“他的标题起得可真好”的同时，又对其笔下一旦进去就出不来的现实而感到茫然。

**“想要回家”——高龄者这种简单而迫切的愿望无法得到实现，究竟是为什么？**无论是谁，都会认为比起医院或养老设施那样的空间，自己那个无论多么脏污、多么不方便，却早已住惯的家更好。如果需要护理，只要有24小时的居家支援就能解决，完全不需要助手或医护人员随时黏在身边。只要有白天三回、夜间一回的巡回护理，很多老年人就能够居家生活。

为何会有有家却不得归的老年人存在？对于此疑问的回答十分简单——在那个回不去的家中，住着老人的家人。家人拒绝让老年人回家。说到底，决定让老人去养老设施入住的也是家人。拒绝与老人同住的，其实是家人。

话虽如此，也无法以此责怪其家人。一天24小时的同居生活，护理是逃避不开的。正是因为顾虑到自己的健康和生活会遭到破坏，才不得不吞下眼泪，做出这种选择的吧。

## “想住在家里”不等于“想跟家人同住”

话说回来，假如是一个人生活呢？试着这样思考一下。

假如“想要回家”的那个“家”，代表的是“一个人生活，属于自己的家”，那就不存在任何妨碍老年人回家的东西了。只要有完善的居家支援护理体制，需要护理的老年人也完全有独立生活的可能。

我早就怀疑，老年人“想要回家”的愿望到底是不是纯粹的“想要回到名为‘自己家’的那个空间”。日语中的“家”，很容易引发误解。会不会是人们把“想要回家”和“想跟家人同住”两个愿望给搞混了，才让情况变复杂的？

独自生活的人之中，也有在入住相关设施后“想要回家”。在这种情况下，所谓的“家”是指纯粹的建筑物，而非存在人际关系的家。假如那个“家”中没有家人居住会怎样？这样一来，就能堂而皇之地大手一挥，轻松回家。假如家中住满家人，那么不得不离开自己家的，就是高龄者了。

这种时候，不妨逆向思考一下。

当高龄者“想要回家”与家人“不想同住”的利害产生对立之时，在高龄者选择“回家”的同时，家人选择“离开家”就行。年轻一辈面对环境变化也能灵活适应。将古旧的家交给老年人，年轻人到附近的公寓区租住，并时常前去父母的家。如果不喜欢同住，只要保持不必经常看到父母的距离就好。换言之，只要做所谓的“Part-time 家族”或“Sometime 家族”就行。当然，只要有工作或外出的目的地，就不必做“Full-time 家族”了，但回家后想要放松一下，家里却有需要护理的高龄者，其负担感可想而知。

假如做不到这点，那也是因为家人之间的罪恶感和体面的缘故吧。

**如果是靠辛苦就能解决的问题，那就辛苦一点解决掉。**想是这么想，但做简直太麻烦了。

“一个人”就不存在这种辛苦。自己的家是专属自己一个人的。回家也不必顾虑任何人。“单身”和“单人家庭”是两回事。自己能够独占居住之所的全部空间，才是“一个人的老后”的最低生活基础。

## “在自宅过到最后”是所有人的心声

在此之前，我曾与多家以先进护理而闻名的高龄者设施的管理者、负责人会面，每到采访的最后，必定都会提出这样的问题：

“当您自己到达需要护理的年龄时，想要住在哪里?”

既然他们都以自家设施先进的护理而自豪，我十分期待能够得到“住在自己的设施里”的回答，然而，这种回答一次都没出现过。

“这个嘛，在真正撑不住之前，都想要在自宅里过呢。”

以上是他们的答复。他们都是诚实的。

无论一家设施受到多少好评，按照自己的意愿主动入住之人几乎都不存在。独自入住带护理的设施会产生不安。根据护理者的情况选择集体式的照护是次优之策。践行先进护理的人们也真诚地希望能够在自宅接受护理。

在这种情况下，“自宅”二字正如同字面所示，只有“自己的住宅”这一种意思，并不包含“与家人同住”。假如老人选择“跟家人同住”，说法上就会变成“住在孩子家里”，这点从数据上来看也十分明显。当这些人回答“自宅”时，代表的含义是“留在现在住的家里”，即便有孩子，话中的意义也绝不是住在“孩子的房子里”。

只要解开“家”和“家人”混同的情况，高龄者选择“自己一个人的家”，似乎就变得愈发普遍了。

## 女性自有房产率居高

说什么“自己一个人的家”……或许会有人想，这是在经济方面的有福之人吧？

但出乎意料的是，高龄者，尤其是女性高龄者的自有房产率十分之高。

其中固然有政府和企业积极推进自有房产政策的缘故，但在我所处的世代——**团块世代[1]的自有房产率超过8成**。根据《新“阶层消费”的时代》的作者小泽雅子所言，首都圈“中流”的差距，取决于在地价变动的哪个时期购买不动产。

在首都圈地价的泡沫经济开始前，团块世代的人多以30多岁的户主身份进行贷款。正因如此，即便泡沫经济崩

[1] 团块世代：指在20世纪60年代中期推动日本经济腾飞的主力军，是日本当年的经济脊梁。这代人出生在1947年到1949年，是日本二战后出现的第一次婴儿潮的人口，大多拥有坚实的经济基础，是最引人关注的消费群体。

坏，与买入时的价格相比，也能够获得确实的 Capital Gain（资本得利，因土地、股票等持有资产的升值而产生的利益）。无论地价是上升还是跌落，只要持续住在那里，就不亏不赚。虽说利息有可能稍稍上涨，但同时收入也会提升。不景气的时期开始后，就是一段漫长的零利率时代。剩余的贷款只需用借新债换旧债的方式，应该就能轻松支付。

有些人只拥有一处与家人同住的房子。因为没有多余的资金投入运营，也就无法从转卖或租赁中获利。若像企业那般，以担保力上升的资产为基础，贷款并进行投资，在资产价值暴跌时，想要回收投资或许会相当困难；然而无论地价飞涨还是下跌，都跟紧紧抱住一处不动产的大半“中流”无关。“只要卖掉就能赚不少钱呢”，他们肯定享受过打这种小算盘的乐趣。

泡沫经济崩坏后遭遇裁员的中老年白领，其生活规划或许出现了严重的失算。然而，大半的团块工薪族却能够以“最后的安定雇佣世代”之身，平安迎来退休。30 多岁时所签的 30 年贷款要么已经全数付清，要么是养老金足够覆盖的金额。

## 老公的钱就是我的，我的钱还是我的

有自己的家，**接下去只要静待丈夫先走一步就好**。这种说法或许并不妥当。对于多数的已婚女性而言，“自己的家”是丈夫名义下的家，而非自己的。只要做妻子的没有收入，即便房产是夫妻共同拥有的，丈夫也必须缴纳赠与税。

日本的法律并不承认夫妻共产（夫妻共有财产）制，因此丈夫挣的钱全归丈夫所有。然而只要碰上遗产继承，在财产法上将个人主义贯彻到底的日本法律就会给做妻子的相当多的优待。

直到1980年，妻子的法定继承份额都是丈夫遗产的1/3，其余2/3则平均分配给子女们。在子女众多的时代，这种做法或许很好；而在少子化、孩子最多只有一两个的时期，子女将比妻子得到更多的优待。

1981年，妻子的继承份额一口气上升到1/2。在同一时期，专业主妇的养老金权利得到确认，因此可以推测，这是给予被看作“福祉的内含资产”的主妇看护丈夫的“奖励”。

第3号被保险者（丈夫是工薪阶层、公务员的全职主妇）不支付保险费也有权领取养老金，在我看来，这项1980年代末的养老金改革不应被称呼为“专业主妇优惠待遇”，而该称作**“老头子的看护保障”**。

也就是说，只要看护过“老头子”，哪怕丈夫先走一步的妻子什么都不说，丈夫名义之下的财产也会有半数归妻子所有。继承税的基础扣除额为 5000 万日元[1]外加法定继承人数乘以 1000 万日元，换言之，若以妻子加 2 个孩子，合计 3 个继承人来算，不满 8000 万日元的遗产就无须缴税（继承税的计算十分复杂，对此在意的人请自行调查看看）。由于大多数不动产的估价额度都比市价低上许多，“中流”水准的丈夫所遗留的不动产等物，几乎都无法成为继承税的征收对象。因遗产税过高而不得不用土地来缴税，这种周刊杂志上的段子只适用于在大都市圈内拥有不动产的人。

并且由于子女早就独立，也不会说出“把父亲的遗产给我”这种话来（应该是吧）。若遗产分割得不好，母亲会被赶出家门，有可能陷入自己照顾自己的境地。在少子化的时代，哪怕一言不发，子女也能够预期等到母亲过世，眼下的不动产自动落到自己头上的局面。

根据“改善高龄社会的女性协会”在 2002 年以会员为对象而实施的问卷调查结果显示，关于“是否有自己名下的不动产”的提问，回答“Yes”的人约占 7 成。身为该协会

[1] 在本书日本原版出版的 2007 年，100 日元兑换 6.4612 元人民币。下同。

的会员，调查问卷的对象或许在经济阶层方面略高于平均水准，但都不是特别富有的人。**7成高龄女性拥有自己名下的不动产，这一数据令人备受鼓舞。**并且，这个数字应该还会随着团块世代迈入老后而增加。

团块世代的女性就业率也很高。即便因结婚、生产而暂离职场，一旦过了养育孩子的时期，7成以上的女性都有正式或非正式的工作经验。

洋子在40多岁时开始工作，家庭开支原则上以丈夫的收入来维持。如她这般以“老公的钱就是我的，我的钱还是我的”为金钱观的妻子为数众多。她自己的收入全部归为自己的储蓄，并在50多岁时建造了自己名下的房子。

“这样一来就可以随时离婚了。”

面对如此喃喃低语的妻子而备感惶恐不安的，全都是做丈夫的人。

## 不婚单身人士所面对的情况如何？

即便是不婚的单身人士，只要持续工作，至少也能拥有一处自己名下的不动产吧。在首都圈住宅供给过剩的今日，单身就不能贷款、不能租房子的情况再也谈不上了。不仅如此，没有抚养家人的 30~40 岁的富裕单身男性更是设计感豪宅的好顾客。耐用消费品的究极之物即住宅。单身人士把金钱投到住宅上也不是什么不可思议之事。

无论男女，最近的单身人士相比出门走走，似乎更中意“在家放松”。再看年轻人的约会，他们似乎也喜欢周末碰头后，两人一起采购食品，在家做饭，随后看电视或打电玩，无所事事地度过。这被称作“茶友”，而当今的年轻人更有从年轻时代起就成为“茶友”情侣的倾向。

### 父母的不动产自动落到自己头上的概率有多高？

托少子化的福，即便是无法自食其力地获取住宅的单身人士都有很高的概率获得父母的不动产。或许有人会说“居然得到了乡下的土地……”,但只要转租或转卖出去就好。

某位比我年轻的朋友——过着形同自由职业者生活的某个不婚单身男性——在看护父母之后，处理掉了位于乡间的老家房子。入手的钱虽然不多，但他用那笔钱在石垣岛购买了一套独栋房子。只要连续利用地价差距，换一个地方就能入手相应的房子。

住在常夏的岛屿上花费不了太多的水电费，同时不用放弃享受美酒美食的乐趣，过低消费的安逸生活。长年建立、遍布全国的好友网络，也为身为美食家的他送上了诸多美酒佳肴。“孤身一人”并不代表“孤立”，即便居住离岛，也并不意味着舍弃尘世。

此人是无与伦比的 Tea Connoisseur（茶叶行家），做着私人进口指定茶园的大吉岭红茶的生意。我的红茶供给源头正是他。无论前去英国还是其他地方，我都没找到过在品质上比他供应给我的红茶更好的。居住在石垣岛，值得困扰的事大概是没有好喝的水吧——对此大家很是同情他，但现在能够买到各种品牌的水。顺带一提,此人不会使用电脑。他精通书法和篆刻，如今还会寄来写在卷纸之上，并且是从右到左写下的亲笔书信。

## 从 A 级到 C 级，附带护理的住宅种类繁多

假如对孤身一人感到不安，世上还有附带护理的集合住宅和高龄集合住宅（为高龄者而建的集合住宅。由希望入住的人士共同购买土地、设计和采购工程）的存在。这些住宅从最高的 A 级，到 B 级、C 级，根据各种收入情况而定级别。既能购买住宅也能购买终身使用权，还能租赁。最近，配合高龄单身人士养老金水平而设定价格的住宅项目开始上市，人们能够在不勉强自己的范围内进行选择。

话虽如此，这话也重复过很多次了——无论是多么破烂的家，哪怕再凌乱，还是自己住惯了的家最好。多数高龄者都有这样的想法。哪怕垃圾堆积如山、长年累月没有打扫过的家，只要别人清理一下，也有人会发怒。对于那些在铺设了榻榻米的房间居住若干年的老年人来说，哪怕让他们移居到高级如酒店的高龄者设施，他们肯定还是会不舒服。

身体的空间感觉带有习惯性。千万不要大幅度地改变长年以来的居住环境，B 级就保持 B 级，C 级还是维持 C 级，只要能够确保居住场所就行。只要不讲奢侈，就不是什么难事。

# 关于“一个人”的住宅事宜

## 相比多居室，单间房更宜居

多数情况之下，不婚单身人士的住宅并没有多华丽。因升学、就业而搬离父母的家之后，我住过4叠半[1]一间的租赁房和只有20㎡大小的单间公寓。那种坐在原地，只要伸出手就能做任何事的便利实在让人难以舍弃，有些人哪怕最终建造了带书斋的房子，都要特意开辟一片自己专用的狭小空间。

实际尝试自己居住之后就会发现，对于“一个人”来说，再也没有什么房型比多个房间、面向家庭的公寓更不好住的地方了。几乎所有“一个人”的公寓，其中的一两间房都沦为“置物”状态。结果只能徒增无效空间（Dead Space），

[1] 1张榻榻米称“1叠”，“4叠半”指由4.5张榻榻米铺成的房间，面积约为7.29㎡。

与在单间房中生活毫无差别。

某个单身的朋友对 80 ㎡的公寓进行改造，将格局变为 6 叠[1]的卧室外加一个客餐厅。朋友前来就睡在客厅里。另一位单身朋友，则把年过四旬才购入的家庭式公寓改装成适合独居的住所，没想到之后突然又结婚了，人生真是充满了不确定。据说那位对象，正是某个朋友带来参加新装修公寓亮相派对的男性。

我也认为单间房比较好，并且是那种非常宽敞的单间房。在习惯了天井高挑、空间宽敞的外国式房子之后，就更加无法忍受日本这种将本来就很狭小的空间分割得更细的公寓。

我在八岳南麓[2]建造了梦寐以求的工作室，那是一处 60 ㎡的单间房。而之所以执着于 60 ㎡，原因在于我听说北欧高龄者住宅的平均规模为人均 60 ㎡。单间房里只有最基本的家具，会客用具等一概不设置。这样一来，就能够在家中随意走动而不至撞到家具。对于独自生活的人来说，60 ㎡算是极简的。当然，也有人特别钟爱 4 叠半的格局，空间感觉因人而异。住惯的地方就是最好的。

[1] 面积约为 9.72 ㎡。

[2] 八岳山麓是横亘在日本关东地区西侧的山梨县与长野县之间的火山群，南麓位于山梨县。

## 名为“暂住”的生活方式

一个人之所以不会对住宅过分挑剔，是因为有“父母的家”，“自己的家”则是孩子房间的延伸，也就是所谓的附属房间（Annex）。因此“自己的家”只要有“房间”就足够了。

只要回到父母的家，那里或许就有女儿节[1]装饰品和罗森塔尔[2]的茶具，而一旦被问到“要不要把女儿节人偶带回你那里去”，我只想婉拒。我那里没有装饰人偶、收藏茶具的地方。只要一想到“回老家就什么都有了”，就什么都不想要了，自己的家也会觉得是暂住的。

日本的住宅是根据家庭规模最大时期的大小而建的，不会符合单身人士的尺度。假如在父母亡故后继承老宅，肯定会因处理不好而不知所措。

对了对了，刚才说到了女儿节人偶。在我老家，有一套为身为独生女的我而准备的、**铺设了红色毛毡的五层雏坛[3]的人偶套装**。母亲每年都会将其摆放出来，但要把整个套装全部展开，就能把 6 叠大小的房间摆得满满当当。当我开

[1] 女儿节：又称“偶人节”“雏祭典”。每年 3 月 3 日，有女孩的人家都会摆出做工精湛、造型华美的宫装人偶来祝福女孩幸福平安，健康成长。

[2] 罗森塔尔：Rosenthale，德国著名瓷器品牌。

[3] 女儿节人偶非常考究，特制的“雏坛”一般有三层、五层、七层三种，层数越多，人偶种类越齐全，价格也越昂贵。从文中表述来看，这套女儿节人偶套装价格不菲。

始独自生活时，母亲把自己亲手制作的木制内里雏[1]给了我。虽说是简略版，但我总想着，只要回家就能拥有那一整套人偶了。

在弟弟结婚并给父母生了孙女后，我最初的想法是“那套人偶会不会就此送给侄女了呢”。对于做了祖父母、外祖父母的两家来说，这都是头一个孙女、外孙女，想必弟媳的娘家也会送来人偶套装吧。我甚至跟母亲说定“那套人偶是我的，绝对不能给别人”，现在想来根本是彻头彻尾孩子气的利己主义。

虽说对那套人偶宝贝至此，而当双亲亡故、老家的房子变成一片空地之时，哪怕弟媳来电表示“趁现在把宝贵的东西全部收走吧”，我都没有去取。兄弟们各有各的住处，谁也不愿接手父母住过的古旧房子。听说现如今的拆房师傅会把房中的家财全部处理掉。结果，我连那套女儿节人偶的面都没见到，它们就在拆房师傅的手中变成了废弃物。

现在，我手边只有变成母亲遗物的木制内里雏人偶，以及朋友做的纸质人偶，两者全都是符合公寓面积的尺寸。

对此我并不感到可惜。在生活方式改变之后，当然不会再摆出需要占据六叠大小的房间的雏坛人偶套装。我想

[1] 内里雏：女儿节人偶套装中的一种，为女娃娃，留长发、穿宫廷式十二单衣和服。

说的是，单身人士抱着“暂住”的心态而展开的生活方式，会就此持续一生。从前，家中的次子、三子被称作“住房间里”[1]，这话说得好。正因为无法成为家持（户主），才会被如此称呼的吧。

## 随着生活方式的改变，居住方式也会改变

我曾购买、置换过好几处公寓，却不曾想过“最终住处”这回事。正因为随时都是“暂住的”，所以只要状况发生变化，就能轻易地替换住处。

于我而言，果然还是“自己的家”最好。也就是说，不管是什么地方，都要把它当成自己的空间，住得惯、用得惯的空间才是最好的。啊，但慎重起见我有言在先，只要住上三个月至半年，一般的空间都能住惯。当我比现在更年轻、情绪更高涨的时候，是个无比喜欢搬家的人。哪怕在新房子，只要能做到在黑暗中都不至于按错电灯开关，我就会陷入“这个房子已经住腻了”的情绪之中。真是令人头疼的癖好。

有位建筑家直接把这种“一个人暂住”的感觉搬进了住

[1] 原文“部屋住み”，指尚未继承家业的嫡长子，或次子及其之下尚未分家、独立，仍然住在父母或长兄家中的人。

宅设计之中，那就是山本理显[1]。他为“住宅公团”（现在好像被称作“都市再生机构”）开发的位于东京都江东区东云的集合住宅进行设计，除了一居室的情侣型住宅模式之外，还在同一栋楼内建造了单间房作为附属房间。

当孩子大到想要独立房间时，无须扩大住宅面积，只需租借一间单间房就好，既能当作孩子的房间，也能充作父亲的工作间来使用。哪天不需要了，停止租借就行。说不定有些单身人士住进了附属房间就不想回家了，那就是分开生活的“住房间里”人士。即便如此，“一碗汤的距离”也能保持亲子关系。

**家族既会扩大，也会缩小。**日本住宅对扩大期有所应对，却不曾考虑过缩小期。在超高龄化的今日，家族的缩小期会更为长久，建筑家有必要对此产生觉悟。

[1] 山本理显（1945—）：活跃于日本和国际舞台的建筑师。以使用高科技建筑材料、注重建筑与环境的有机结合、强调建筑空间影响人们行为方式的设计原则著称。

## 名为“协同居住”的选择

有“专属自己的家”的人就是好。只不过，家需要时间和精力去维护，自己到了需要护理的时刻总会感觉不安。养老设施的单间最多也就 6 叠至 10 叠大小，十分狭窄。并且，身体还没到有必要 24 小时护理的状态。

为了这一类人，还有一种面向老年人的协同居住型集合住宅（Collective House，个人拥有独立房间，并有食堂等共享空间，做饭、清扫等一部分工作由入住者共同承担）。

说到护理保险制度实施之前建造的带护理的收费养老院，无论是售卖住所还是终身使用权，入住时的一次性收费和每月使用费全都十分昂贵。高达数千万日元的一次性收费，都足够在都会购买公寓了。资产宽裕到那种程度的阶层是有限的。当然也有将自有房产处理掉这个选项，但子女们会持反对意见。偶尔还会发生养老院的理事长携款潜逃这种不祥事，假如机构破产，那么入住之人就无处可去了。一旦入住就无法轻易替换，这种养老院可谓高风险的选择。

并且，在成为需要护理之人后，又无法对护理的质量进行管理。假如没有如现在这般的护理管理人，外部的监督也无从介入。以亲身进行潜入性采访而闻名的大熊一夫[1]，在其作品《报告文学·老人病栋》中，就揭露了护理机构在光鲜亮丽的背后，进行"束缚护理"、限制更换尿布的次数、虐待（即便是造访的家人都看不见）和放任不管等行为。护理的质量与费用无关，市场淘汰也不会对护理服务产生影响——非常遗憾，这都是迄今为止的历史所教导我们的事实。

到最后，往年那些带护理的付费养老院，全都充当了中流以上阶层的人们相对体面的"姥舍山"。

既然如此，到底哪里才是能够安心地独自生活的场所？此处的答案即协同居住型集合住宅。这条道路上的先驱者们已经亲身做了实验，能够让人心底踏实。纪实报道写手寺田和代与岛村八重子共同撰写的《不跟家人同住的家》，

[1] 大熊一夫：曾任《朝日新闻》记者、大阪大学大学院教授（日本国立大学福利系讲座的首任教授）。1970年伪装成酒精依赖症患者入住东京都内的私立精神病院，在《朝日新闻》连载《报告文学·精神病院》，将铁栅栏内的虐待行径暴露在光天化日之下。

就对这种先进案例进行了报道。书中有几处案例我也去采访过，就来介绍给大家吧。

## 为单身女性而建的都市型集合住宅

位于神奈川县的“COCO 湘南台”就是该类型的住宅之一。从车站徒步 15 分钟就能到达，913 ㎡的地块上盖着 2 层建筑，总面积在 484 ㎡，是座潇洒的集合住宅。个人房间平均面积 25 ㎡，并附有作为共享空间使用的饭厅和工作室。

将这套集合住宅从零开始计划并建造的西条节子女士（70 来岁）是不婚单身者。她不曾倚赖任何人，一直保持工作，而那一代的单身女性在经济能力方面仍然有限度。她的计划中本就有一个意图，即希望和自己同样的单身女性在迎来老后之时，能够凭借自己的经济能力入住，并将费用控制在能够以养老金维持的程度。

入住她的居室（25 ㎡）的金额为 370 万日元。包含餐费在内的月度使用费约为 13.6 万日元。这样一来，即便是单身女性，对此都触手可及。

从 40 多岁起就开始担任地方议员的西条女士，在组织市民运动方面很有一手。她能够活用各种人际网络，从白纸阶段就召集各个领域的专家一起出谋划策，加深入住者之间的交流，千方百计地降低成本。

只要去郊区，地价就会便宜，成本也能得到控制。然而她们的政策是，**正因为是高龄者，才需要向社区开放的都市生活**。

经过各种探寻，她们找到了从车站步行到商店街只需15分钟的这片土地，并获得了地主的共鸣，签订了20年的租地合同。这全都多亏了西条女士的人际网络和热忱。

## 独居无法获得的丰富性与安心

在建筑率60%的用地内有占地广阔的家庭菜园，人们能够享受园艺的乐趣。面向庭院的露台摆设着桌椅，能够在接触屋外空气的同时让时间流淌而过。这是以普通百姓能够承受得起的费用，得到独居所无法获得的丰富性与安心。

早饭各自解决，午饭想吃的人来吃，晚饭则一起在饭厅享用。想把餐点带回自己的房间也不成问题。若身体抱恙，还能把餐点叫到房间。附近设有合作社类型的协同劳动组织（Worker's Collective，全体成员出资，以共同经营者身份负担劳动的非营利组织），拥有主妇经验的人们钻研食材和价格，制作“妈妈的味道”。我也被允许陪同工作，见证了一种毫无装饰感的家庭式美味。

住在那里，想要独处就独处，想要见谁就去共享空间。

位于2楼的饭厅只允许入住者及其介绍者入内，1楼的工作室则不停有访客造访，热闹非凡。工作室同时还是COCO湘南台的运营母体——NPO[1]法人“COCO湘南”的事务所，从建设阶段起就在此的员工和志愿者可以进出。饭厅每年也对外开放数次，举办一些活动。

这处集合住宅原本是为单身女性而建，而现在也有男性入住。这里既有视觉障碍人士，也有来此迎接人生最后关头之人。实际与多种不同的人们开始共同生活之后就能发现，无论是身为残障人士还是需要临终护理，都是可以好好生活的，这全都是从一个个的经验中得出的结论。这种经验的储备，能让人产生“自己也能够在这种地方迎来生命的末期”的自信。

## 卧床不起也能继续住下去吗？

最让我在意的，就是当一个人**产生认知障碍，或者卧床不起时，是否还能在同一个地方继续住下去**。

“嗯，我们也在考虑这方面的问题。”

---

[1] NPO：非营利组织。

以上是西条女士的答复。为此，她们推进了医生出诊、看护站就诊、医疗机构合作的就医网络搭建，人生的最后一刻究竟是在住惯的居室中度过还是住院，能够根据本人的意愿自由选择。

一般的付费养老院，入住时的条件多为“生活方面能够自理”。既然如此，那就是纯粹的高级老年住宅罢了。能够挺胸抬头地向需要重度护理的高龄者说出“我们有护理室”的昂贵的韩国老年城区（Senior Town）和美国西海岸的老年社区（Senior Community），他们所谓的“护理室”，都是以帘子隔开的狭小床位。高龄者好不容易选好并移居到了人生最终的住处，一旦需要护理又要从独立房间被转移出来集中居住，以方便护理人员行事。假如不喜欢，除了自费雇用护工，别无他法。

若向这种付费养老院进一步询问：“临终护理如何？”对方必将回复：“敬请安心，我们有合作医院。”换言之，他们从一开始就预期老人将在医院迎来最终时刻。这就如同护理保险制度开始前的时代，将身体不便的老人从便宜的养老院转入护理型养老院，再转入特护养老院，最终转入医院，高龄者的命运根本不曾改变。**金钱或许能买到五星级的居所，却无法确保五星级的服务。**

## 护理外包的尝试

护理保险的居家护理支援服务，在协同居住型集合住宅的单间也能够享受。如果设施单位无法完成护理服务，也可以将护理外包出去。护理支援的丰富，也意味着老人能够继续居住在选项诸多的都市之中。

将这一想法大胆地融入集体生活之中的，是 NPO 法人“MOMO”的代表又木京子女士。她从神奈川生活俱乐部福利合作社独立出来，独自设立了非营利福利机构。所谓集体生活（Group Living），是指高龄者相互协助、共同生活的模式。根据运营主体不同，居住形态从租借公寓到寄宿式，种类繁多。

由 MOMO 运营的设施共有 5 处，最早创建的是“服务之家 Poporo”，为需要护理的高龄者和残障人士提供由单间组成的集合住宅。极端点说，就是出租房间的不动产中介。每个单间利用者所必需的护理服务，由各自不同的护理管理人对接，能够从多个供应商中进行选择和采购。

当然，Poporo 本身也提供餐点、日间护理等短期护理（Short Stay）或生活支援服务，使用者可将这些服务与其他供应商的服务进行比较和组合使用。换言之，Poporo 的理念是“不对使用者进行拘束，让自家企业与其他供应商在健全的市场竞争中存活”。若非对自家的护理有自信，是做不到这点的。这种开明的想法既让护理服务透明化，同时也能够维持护理的质量。

基于这个想法，厚劳省[1]所提出的居室使用费也是有说服力的。每个人所居住的单间当然会产生居室使用费，使用者所必需的服务也能从多个选项中进行选择，按照本人受益程度的高低来付费……虽说是合理的想法，但这就需要将原有的护理保险制度进行改革，将其变更为独居高龄者也能够在自家生活的水准。

现行护理保险并非按照独居高龄者的基准而设计。它的前提是高龄者都有对其进行护理的家人，其目的是减轻家人的负担。从今往后,“一个人的家族”将不断增加,不不,应该说可以预见的是，独居生活将成为高龄者的标准状态，因此制度设计也应与独居生活相适应。

## 能够充分享受丰饶自然环境的最终居所

面向老年人的集合住宅实验范例还有很多。其中出名的是已故驹尺喜美女士等人在伊豆创建的“生活之家好友村”。

[1] 厚劳省：全称“厚生劳动省”，是日本负责医疗卫生和社会保障的主要部门。

驹尺女士为不婚单身的日本文学家，其首开女性主义文学批评先河的作品《魔女的逻辑》《紫式部的讯息》，让很多读者读来备感心情舒畅。

她与年长自己30岁以上的小西绫同住，为了小西女士的护理和自己的老后生活，她很早就开始了对独居方式的摸索。经过多年准备，最终创建了好友村，也在此送走了年逾九旬的小西女士。

2007年5月，驹尺女士本人也以82岁之龄永远沉眠。她以天生的能力及乐天主义精神，为随心所欲的人生而奋斗，是将智慧与诀窍留给我等单身后辈的先辈之一。

好友村距离伊豆箱根铁道修善寺站约15分钟的车程，位于风光明媚的田园地带的河边，名曰“姬之汤”的温泉从该处河岸涌出。由女性建筑师设计，高6层、总面积3800㎡的半圆形建筑物环绕着中庭。除食堂、集会室、公用浴室、临时护理室等共享空间之外，另有大小单间42间，还设有供访客使用的过夜设施。

单间面积从40㎡到超过100㎡不等，入住费用按面积大小而定。40㎡居室的费用控制在1000万日元以内，每月管理费为5万日元，从早餐起就可以点餐，三餐根据各自的需要供应（费用另计）。

与 COCO 湘南台相比或许会让人感觉价格昂贵。然而，附带温泉使用权的宽广用地、奢华的空间、能够共同使用的各类设施设备，若把以上种种包含考虑进去，这个价格就显得还行。

豪华建筑、优美的自然环境、每天都能享受的温泉、新鲜的当地食材……听上去如同梦想中的最终居所。入住此处的人们的满意度也确实很高。接下去就是都市还是地方生活方式的喜好问题了。

## 是住在都市，还是生活在地方？

正如我们所看到的，集合住宅也大致分为“都市”“地方”这两个选项。至于要选哪种，完全取决于个人的想法，不过最好事先将选项的不同之处记在脑子里。

### 如何看待生活方式和价值观的差异

只有乡间生活才能拥有的新鲜空气和水源，以及让人心情平静的自然环境是任何东西都无法取代的。而在其之后的判断基准，**第一是人际关系，第二是护理资源**。

说到第一条人际关系，在类似“好友村”之类的地点，入住者之间的人际关系有一种完结的倾向。因为远离都市，访客不能经常前来，自己主动外出也变成了一项工作。

再加上对于本地人来说，入住者都是“新住民”，与本地人之间的交流也十分浅薄。在意识到这点后，好友村在河边建造了供所有人行走的步道，试图与当地居民融合。

农村的居民，在生活方式与价值观方面都与在大都市工作的单身女性颇为不同。超然于地域之外，入住者之间的关系和社交机能都有可能做到自我消化。假如如同好友村这般拥有42户人家，那么其中的人际关系也就有了充分的选择性。为此，好友村建立了涉外委员会、活动委员会来促进入住者之间的交流与活动。

根据小西绫女士的口头禅“知道了”，集会室被命名为“知道了会馆”，偶尔用于招待特邀嘉宾并举办活动。访客也有专用的住宿设施。当然，希望以好友村为参考而前来观摩学习之人也络绎不绝。布置活动现场和客房、从都市邀请同好前来，各种各样的工作都丝毫不能懈怠。其中不乏仰慕驹尺女士或某位入住者的年轻人。哪怕远离都市，只要将都市的风尚招过来即可。

身在田舍之中，与身处大自然之中不是一个概念。在享受自然环境的同时又要维持都市的生活方式，且不必与地域同化，这也是一种模式。

## 不必跟讨厌的人交往的都会型

其他一些都会型场所，人际关系并不会限于内部。住户可以随意地外出走动，访客也能够轻松地来访。即便不在入住者之间推进社团活动，也可以直接利用当地的各种文化设施、参加当地市民活动，还能轻松地外出看演出或电影，都市文化资源满溢。在这里不必跟自己讨厌的人交往，不必勉强邀请那些与自己喜好不合的人。

我曾在九州的某个城市，调查过以中庭和气派的集会室为共享空间的某集合住宅的社区生活。

虽说是为入住者而建的集会室，入住者实际使用率却很低，近邻的居民反倒会借用来作为练习的场地。这种集会，往往只会有一两个集合住宅的居住者参加。换言之，既然已经共享了居住，就没必要再共享各种活动了。这应该是出于“同住、同玩、同工作的人全都不是同一批为宜”的思考模式。

多数的都市居民似乎早已在不经意间将这种想法加以实践。一起工作到下午 5 点的人，过了 5 点就不再与之相处，游玩时想要跟另一些人玩耍。正因持有这种思考模式的人越来越多，社内活动、员工旅行才会陷入低潮的吧。若没有义务和强制措施，会自发性地参加这种活动的员工会不会很少？

建筑家有着“以空间共享的理念推进社区形成”的倾向，而事实上，都市型社区以更加复杂的要因形成。或许是有那么一些人，无论工作、生活、游玩还是其他事都与同一批同伴共享，并且对人像团子一样被串在一起的乡村有着乡愁之感,但多数的都市人想都没想过要回到那种地方去。因此，建集合住宅不光是要把房子建起来，考虑建筑的地点也是十分关键的一个要因。

**越是大城市，护理服务的选项就越多**

另一个基准是护理资源。越是人口集中的城市，行政部门、民间企业、NPO、非营利型市民组织等护理支援的选项就越多，想必这是所有人公认的事实。只要护理的质量依赖于健全的市场竞争，**那么护理资源的选项是否够多，对从业者而言就是个生死问题**。

在初期阶段，护理保险被称为“有保险无服务”。哪怕今时今日，在人口稀疏的地方，也有因护理服务人手不足而欠缺服务的地域。有些渴求自然环境而开始在地方上生活的人，在进入需要护理的状态时会选择返回都市，其背后就有地域性护理资源不足的原因。

“好友村”这类设施，护理资源的两大选项为通过内部调配或外包。“好友村”内部设有临时护理室，与地方上的医院也有合作关系。然而，如果从业者想要独自运营护理服务事业，只以入住者的基本需求为核算标准，还是会让人有些不安。假设采用外包，就必须对地域方面护理资源的质、量全盘信任，像建立在市区的“Poporo”那种提供多种护理服务资源、促进相互竞争的战略在此完全行不通。

在地方上，也有由社会福利协会（以下简称“社协”）提供的居家支援服务或日间护理。然而，主要由本地人承担的上门服务之所以招人厌，不仅是因为无法自主选择护工，还有泄露个人隐私的问题。护理会触碰到身体、心灵，以及人际关系中最为敏感的地方。有些人甚至会硬要选择远离自家住宅的事务所，由其来进行护理服务。

## 异文化交流，快乐还是痛苦？

日间护理之中也有文化差异的存在。活了好几十年的高龄者会因学历、职业、婚姻状况、价值观等，有着不同的生活方式。如企业退休人士无法融入以店主、工匠等自营业者为中心的地方性老年协会。

在我工作室所在地的八岳山麓，有一座由当地社协运营的、附带温泉的日间护理中心，其使用者大半是农业家庭的高龄者。随着高龄化的发展，最近急剧增加的来自都市的新住民也开始使用相同的日间护理。因为并无其他选择。

历经不同人生的人们，在进入需要护理的阶段之后再度彼此交流，这样的情况会很美好吗？只要生活方式不同，他们对彼此而言就是异文化。只要有人喜爱异文化交流，就有人讨厌。迈入高龄、失去柔软性后，再与异文化接触大概会很痛苦吧。

仔细想来，这种异质生活方式的交流，应该是小学之后的头一遭。小学阶段，来自多种家庭文化背景、各种各样的孩子在大杂烩般的状态中相互交流。然而在那之后，孩子们因偏差值[1]而被区分，在切分好的小团体中成长，成年后也是在各行业的职业团体中走着自己的人生道路。

只要本人不愿意，这种异文化交流就会变成一种强制或强加的行为。而人们之所以没将“不愿意”说出口，理由之一就是没有其他选项可供选择。而另一个理由，恐怕就是周围人都小瞧了高龄者自己做决定的能力吧。

## 事到如今，再也不想看男人的脸色

在更早的阶段，人们就察觉出企业退休人士与地方上的老年协会成员之间的关系如同水和油，彼此无法交融。各地不断地推出诸如“老年大学”“长寿研讨会”之类的自

[1] 偏差值：日本对学生智能、学力的一项计算方法，反映出每个学生在所有考生中的顺位。偏差值越高，能够考上的大学就越好。

治团体，根本原因也在于此。

有上班经验的人喜欢教导他人，也喜欢被教。尤其对一些高学历人士来说，“喜欢学习”这种学校化社会的价值观早已深入骨髓。这并非揶揄。只要实事求是地承认这项事实，创造符合这些人生活文化的“容器”就好。

从性别的角度来看，**无论老年协会还是老年大学都是男性主导的团体**。都一把年纪了，才不想继续看男人的脸色——多数女性会如此想也不无道理。尤其是单身女性，对于讨好男人早就烦透了。

若是每个地区都有数个小规模、多机能的日间护理中心供人选择就好了。喜欢热闹的人就去活动多多的日间护理中心，喜好安静氛围的人就去不会强迫人们“来吧，大家一起来”的日间护理中心。拥有这些选项，也是都市的一个优点。

都市和地方，两边各有长处和短板，如何选择着实让人犹豫。

老实说，能够充分享受丰饶自然环境，同时又过着都市生活的地方最好。我也怀抱着一个小小的心愿：希望八岳山麓能够开设“新住民用”的迷你日间中心。这样一来，当新住民进入需要护理的阶段，也就不必返回都市了。

## “单间”为护理的基本

弗吉尼亚·伍尔芙[1]在其作品《一间自己的房间》中写道，女人想要独立，500英镑的年收入和“一间自己的房间”是必不可少的条件。这句话所指的是1929年，但放到现在也是真理。

初次拥有自己的单间时、因夫妻分房睡而能够埋首读喜爱的书籍直到天破晓时，所感受到的究竟是什么样的解放感啊！大家是否还记得，孩童时代初次拥有单间时的喜悦心情？更何况现在的夫妇，无论是妻子还是丈夫，都是自懂事以来就拥有了名为“孩子的房间”的单间。

我的看法是，**一旦体验过单间，人的身体就无法再度回归“杂鱼寝[2]文化”**。虽说日本原本就有杂鱼寝文化，但时

---

[1] 弗吉尼亚·伍尔芙（Virginia Woolf，1882—1941）：英国女作家、文学批评家和文学理论家，意识流文学代表人物，被誉为二十世纪现代主义与女性主义的先锋。

[2] 原文“雑魚寝”（ざこね），指许多人挤在一起睡。

代交替，已养育出了“我从小就没有过这种体验”的人来。

从小在单间中被养育长大的情侣之中，不乏自新婚起就分房睡的。无论如何亲密，有些人在感觉到旁人的气息时就是会睡不着。那些迈入熟年后开始分房睡的夫妻，也绝不是因为彼此的感情变差了。

一旦身体习惯了某种程度的空间，那种身体感觉就无法轻易改变。有建筑师认为，作为二战后住宅基础的多居室的房型塑造了家庭的人际关系。与这个论点相同的，有过住单间经验的孩子们，有着无法折返的身体感觉。

## 在设施中推进单间化

有位理学疗法大师名叫三好春树。

不知出于对什么的不满，此人致力于将新型特护——也就是以单间为原则、实践单元型护理的特别养老院——当作父母辈的仇敌一般去扑灭。据他所说，日本的老年人压根不需要单间，对他们来说，住在能够感受到他人气息的杂居房间里才是最幸福的。

三好的假想敌似乎是厚生劳动省所主导的“一切都要单元型”这种整齐划一的强推措施，无论是单间还是杂居房间，只要有多种选项就好。什么嘛，既然如此，就别用“单元型就是不好”这种容易招人误解的说法，直接说“居然强推单元型，简直岂有此理”不就行了?

所谓单元型护理，原本就没有把养护老人院当作“疗养”之地，而是以“生活”场所为出发点。**既然是生活场所，那其原则就是“单间”。**单元型护理是将十个左右的单间集合成一个单元、共享饮茶室之类的公共空间。已故建筑家外山义最早将这种形式从福利制度先进的国家引进日本。

三好曾感慨地表示“所以拿近代人就是没办法”，也曾批判日本人“尽模仿欧洲的东西”。

即便真是如此，事到如今也毫无办法了。自从近代化起，日本已经历了100年以上的时间，使用欧式桌椅的生活也过去了半个世纪。人们再也回不到在铺了榻榻米的房间中围坐在矮桌边生活的日子了。不仅如此，说到矮桌，这也曾是大正时期[1]都市住宅的配置。再往前看，人们还围坐在地炉边吃饭；都市的商家则在各自的小饭桌前正襟危坐地进食。完全没必要为养出了不会正坐的孩子而哀叹。久而久之，正坐可能也会变成某种特殊的身体技法或一种自虐趣味吧。无论生活习惯还是身体感觉，人们最好能够明白，改变就是那么轻而易举。

[1]　大正时代：日本大正天皇在位时期，从1912年到1926年。

## 老年人同样会认为“单间更好”

只要能够自由地进行选择（这就是问题所在!），我还是会选择单间。

三好或许又会拿出“所以说近代人……”的说辞，但根据之前的调查，在单间和杂居房间都生活过的人，**无一例外地全都回答“还是单间更好”**。即便是表示“刚开始不习惯”的人，都给出了“住惯之后，当然要单间”的答复。

然而问题是，单间的居室使用费比杂居房间更高。从前2万~3万日元就能解决的月度使用费，现如今甚至从7万~8万日元一口气攀升至14万日元。在无法负担使用费时，便出现了不得不从单间搬进杂居房间的状况。

一旦“能够自由选择”与经济能力挂钩，就会出现顾虑使用费负担而偷窥家人脸色，并说出“还是杂居房间比较好……”的老年人吧。不仅如此，多数情况下会由家人代替老人进行选择。

所谓“自由选择”，必须在满足以下几项条件时才能够成立：①必须有选项；②两者都体验过，可以进行比较；③经济方面的可行性；④由自己进行决定。

三好又额外加上了一条：一旦患上痴呆症（他不愿使用

“认知障碍”这种笼统的说法，坚持使用“痴呆症”，此处遵循他的原话），因“近代的自我”在不断瓦解，对于进入晚期的痴呆高龄者来说，杂居房间比单间来得更好。只不过，不让本人去选又怎么能知道。

在拥有两方面经验的前提下，由护理专家根据其本人反应进行判定即可。能够读取相关人等的反应，就是所谓的专家吧。不把选项交给当事人，自己认为好的就是好，不过是一厢情愿罢了。

单元型护理最大的问题，在于护理人员看顾不过来。根据现行的厚劳省基准，人员配置要求为“3 名入住者配置 1 名职员”，但职员无法 24 小时连轴工作，以 8~10 间为一个单位的护理单元，多数时间会变成“一个人的职场”。一想到这么多老年人的生命托付到一个人的手中，此人还得独自上夜班直到天明，我就双腿发软。

想要把单元型护理变为让护理人和被护理人都感到舒适的空间，唯一的办法就是增加人手。这绝非单间或建筑物本身的错，问题实际出在舍不得出钱、出人手的福利机关那边。如果将这笔费用全都转到单元型护理头上，那不是很不幸吗?

## 单间的费用是贵是便宜?

假设单元型护理的使用费为每月14万日元，这笔金额算不算昂贵?仔细想来，1个单元10个单间，附带24小时护理、如厕和入浴的看护，再加上附带一日三餐，1个月14万日元实在说不上昂贵。

如果这是附带三餐、浴室、包伙，同时附带看护人的学生公寓，想必家长都会安心地把孩子托付过去吧。这莫非是指，对待孩子，哪怕有些勉强也能掏出来的钱，到了老年人那头就掏不出来了?只要是住宿，当然会产生住宿费用。在自宅居住的人们明明都会独自负担住房费用和水电费，却不肯负担入住特护机构之人的使用费，这是不公平的，这个道理虽说是外力，但也不是不能够理解。

**既然如此，只要返回自宅即可。**只要没有家人，整栋房子都是“我的单间”。

只要地方上有居家支援的护理体制，即便是一定程度上需要护理的人也能够居家完成护理，这点在北欧已得到证明。而在没有这个选项的情况下，光是上涨单元型护理的单间使用费纯粹是“欺负老年人”罢了。并且,对在厚劳省“新型特护护理”的呼吁下推行“先进护理”的机构来说，此次的政策转换应该会被认作“上了2楼就撤掉梯子”吧。日本的福利现状完全被官员的想法所左右。

无论居家还是去护理中心，被迫二者选其一也是死脑筋的体现。现在，被称为“中间设施”的“通所型”正在增加。想待在家里就待在家里,想跟他人会面时选择出门即可。关键就在于此二者之间的平衡。

需要重度护理的高龄者所入住的特护机构，其中6成以上的入住者伴有认知障碍。面对这样的人群，人们开启了名为“反向日间护理”的尝试。

将这些人群带离医院型的护理设施，白天带到以民宅改造、宛如普通住宅的小规模日间护理站，确实产生了良好的效果。老年人变得生龙活虎，恢复了活力，还能手拿菜刀在流理台前站立。

即便不在自己家中，只要身处宛如自宅的环境中，都能使得有认知障碍的老年人仿佛回到正常状态。

我曾与一名以每周两次的频率前去某家风评良好的日间护理中心的高龄女性会面。

“我很期待能来这里。”

对方如此回答。当被问及“有没有想过每天都来”，得到的是这样的答复：

“这个嘛，每周来两次刚刚好。”

增加前去频率就会感到疲累。这样说也没错。待在家里是最好的，但偶尔也想跟他人交流。与他人会面既快乐又紧张，还会带来疲劳。因此，每周两次就刚刚好。家人是希望她每天都能够去，但每周两次的节奏是她的“选择”。

## 如何确保安全的生活

### 安全是“一个人”的必需品

在住所得以确保之后，接下来要考虑的就是如何确保生活的“安全”。死亡降临时，即便抵抗也无济于事；但在活着的时间里绝不希望战战兢兢，也绝不想变成犯罪被害人。

女性、儿童和老年人极易成为被害人，因为他们会被认为“不会反抗，看起来又很容易得手”。身为女性老年人，且又是独自居住的话，安全与安心就成为必需品。

即便在人称“水和安全是免费的”的日本，近期来的治安都在恶化。就在不久之前的乡下，不锁门就外出都被看作是理所当然的，不拔车钥匙就把车辆停在路边，直到把事情办完，都是常有的事。大家是否知道，假如没拔车钥匙就停在路边的车被盗，并且发生交通事故的话，车主也会被追究责任？哪怕车主是盗窃案的受害者，其对车辆被盗也是需要负责的。

实际上，日本的凶恶犯罪、杀人事件的增加并没有媒体所渲染的那么多。即便报纸上的猎奇事件多到溢出来，但又不是发生在自己身边的事，害怕也无济于事。调查显示，越是经常看报的人，对社会的不安感也就越强烈。

## 肆无忌惮的犯罪在增加

后现代犯罪的新动向，是不存在那条将加害人和被害人联系起来的“动机之线”。在此之前，多数犯罪发生在熟人之间，理由是出于怨恨或报复等。在熟人之中，最有可能谋杀自己的则是家人。甚至于在美国，有着“所谓配偶，即杀害自己的概率最高的陌生人”的说法。最近发生了几起杀人分尸案，都是存在于夫妻、亲子等家人之间的犯罪。而远离家人独自居住的人士，则远离了那个“最危险的陌生人”（笑）。

在无差别杀人、强盗杀人的事件中，加害者常常宣称“杀谁都无所谓”。发生在爱知县丰川市的高中生擅闯民宅、杀害60来岁女性的事件中，犯人也宣传“杀谁都无所谓”，但也说了“老女人很少抵抗，感觉上很简单”。酒鬼蔷薇圣斗事件[1]中，14 岁的少年 A 在将被害儿童的头颅遗弃在校门口之前，还曾用锤子重殴数名幼女的头部，致其头盖骨凹陷。因为幼女也是无从抵抗、容易得手的。女性，尤其是高龄女性，在被抢夺财物的受害者中也占据多数。

## 只要体验过身为老女人……

老年学研究者帕特·摩尔（Pat Moore）撰写过名为《变装》（*Disguised: A True Story*）的报告文学。20 来岁的帕特通过增龄妆，变装为 80 多岁的老女人，穿戴和行为全都模仿高龄者，在街上走了一圈。她忽然就被年轻人撞到了身体，包也被抢走，简直惨到不行。帕特把包抱在胸前，步履蹒跚地走着，被人袭击时那种身体层面的恐惧感，如同心理创伤一般渗入体内。这是一种她穿着高跟鞋、昂首阔步走在路上时所从未体验过的恐怖感。

**"在都市中，身为老女人即代表危险。"**这句话出自她基于实验结果的报告。此处所指的是 1970 年代末的纽约，然而，日本会不会也逐渐变成这副模样了呢？

[1] 酒鬼蔷薇圣斗事件：1997 年发生在日本兵库县神户市须磨区的连续杀人事件。事件共造成 2 人死亡和 3 人重伤，被害者皆为小学生。犯人行为血腥残忍，最后逮捕的真凶竟是一个时年 14 岁的少年，给整个日本社会造成了强烈冲击。由于日本司法程序严禁明确揭露少年犯的身份，少年的真实姓名没有被媒体公开。在日本的法律文件上，该事件的真凶被称作"少年 A"。

盯紧弱小的人，似乎才是所谓的犯罪者。健壮的男性很少成为目标。我只会在前往治安恶劣的外国旅行时，产生一种“不管是什么男人都好，只要长着一张男人的脸，让他做同行者才会比较安全”的感觉。

## 守护自身的规则必须由自己来制定

事实上，单身的前辈们为了安全问题煞费苦心。

在第一章登场、年逾七旬的君江女士居住在海拔 1600 米的山庄，是一位自称“山姥”的刚毅女性。而即便是这样一位女性，也表示“小偷很可怕”。在那片零星分布着 100 多栋别墅的土地上，一年到头居住于此的，包括她在内只有约 3 户人家，单身者唯她一人。与邻居家隔着即便放声大喊、声音也传不过去的距离。

让君江挂心的是灯火管制。

在一到夜晚就漆黑一片的别墅区之中，只要有一户人家亮灯，人们就会被亮光吸引过去。位于八岳山麓登山口的别墅区，不时会有在下山途中迷路的登山客混进来。自从数年前某个将近半夜的时分响起男人敲门的声音，她就把家中的窗帘拉得密密实实，以防灯光外泄，实行彻底的灯火管制。

“不管怎么说我都是‘战中派’[1]嘛。早就习惯了灯火管制。”她笑着说。

只要天一暗，就不开门。

这是她为自己定下的规则。

独自居住在山丘上的豪宅中、60来岁的佐代子则执行得更加彻底。

只要天一暗，就不出门。

比较麻烦的是不能邀请她出门吃晚餐。共进午餐OK，但她讨厌独自进入不知会躲着什么人的、黑乎乎的房子里。即便旁人表示“我会开车送你回去”“我会陪你，直到看着你进门”，她都固执地不肯点头。

她不光将自己的卧室装修成能从内侧上锁的格局，还签约了警备保障公司的家庭保安服务。这都是为了在真有什么动静的情况下能够争取时间。独自居住在远离邻居的大自然中需要做好心理准备。自己给孤身一人的自己定下的规则就决不能违反。她可真是毅然决然。

## 乡村生活和都市生活，哪种比较危险？

在自然环境中独自生活所产生的恐怖感，源头并非大自

[1] 战中派：指在二战期间度过青年时代的人。

然，而是人类。哪怕在半夜里被窸窸窣窣的声响和生物的气息吓醒，但只要弄清从感应灯旁路过的只是狸猫就能安下心来。相比之下，人类更可怕。

我曾与独自居住在赤城的山中、身为评论家兼陶艺家的俵萠子女士进行交谈。白天里，当地神社里的美术馆员工、陶艺教室的学生们在她家进进出出，热闹非凡；而一入夜，大家全都各回各家，只剩下狗和俵女士。她家占地3000坪[1]，距离邻家极远，一到没有月光的夜晚就伸手不见五指。

面对担心不已的俵女士，某位男性朋友如此表示：

“你怕，对方也很怕。只要周围变暗，就不得不开灯。而且这么偏远的地方，只能开车前来。当然也不可能关闭车灯驾驶，所以只要亮灯的车子靠近，你一定能察觉到。真到了那种时候再考虑如何应对也不迟。”

听了这番话，她便下定了决心。

曾有新闻报道，盗窃犯闯进不合时节的别墅区，进入主人不在的私宅，毫不吃亏地把冰箱中的食物拿出来，并无礼地住下；然而实际上，别墅区的犯罪并没有那么多。大概是小偷也留意到，值钱的东西不会放在别墅中吧。房子又搬

[1] 1 坪约 3.3057 m²，3000 坪约 9917.1 m²。

不动，想要把家具、家电搬出去也很费事。

事实上都市中的犯罪率更高。对于有组织的罪犯来说，在人口聚集率高的地域办起事来更有效率。同样是在一户建中生活，应该也是处在都市的房子所产生的不安感更高。在俵女士的著作《不照顾孩子就死去的方法》中有一个小段落，描写了独居女性回到家中，里侧的房间突然冒出一个入室盗窃的男人，把她吓得浑身僵硬的情节。此事给该女士造成了心理创伤，就此决定搬到附带护理的集合住宅区居住。处在存在着他人气息的空间之中，她终于能够安心入睡了。

话虽如此，与邻居仅一墙之隔的集合住宅也算不上安全。每家每户都经常没人在家，邻里之间也没有交情。

安全、安心的感觉因人而异。在万全的准备方面毫不怠惰是好，但也没必要过度紧张。

## 金钱能买到安心吗？

哪怕不搬去附带护理的住宅，选择保安良好的公寓也可。在“安全不免费”的美国，**按单元分售型的公寓价格是以门卫的数量来决定的**。门卫会一天 24 小时地确认住户的出入，遇到生面孔必定向住户确认，否则不予进入。这样一来就等同于没有隐私，甚至有人开始操心“想要出轨的时候该怎么办”。

在纽约搬家的时候，曾被告诫不要忘记给新公寓的每一个门卫小费。出轨对象想要进出，大概也只要付小费给门卫就好。

话说回来，仅在纽约一地，以门卫为工作的劳动人口就有多少呢？在美国，因安全方面的需求就产生了大量的雇用机会。市中心区的高级公寓雇用白皮肤美国青年；上东城和下东城的平民公寓则雇用黑人男性和西班牙男性担任门卫。不可思议的是，这个行当中完全听不到把“男门卫（Door Man）的称呼换成‘看大门的’（Door Person）”这种“男女共同参与”的呼声。

在比美国更骚乱的墨西哥，存在着配备24小时武装警卫、名为“门限社区”的居住区。

社区四面高墙环绕，车辆出入皆有警卫在大门口检查，是面向中产阶级的集合住宅群。嘈杂和喧嚣被隔离在高墙之外，内侧整齐排列着拾掇整齐的花园和建筑物，但最初入住时，总给人一种这里莫非是清洁的监狱的感觉，从而喘不上气来。向某个入住者询问“我想去哪里哪里，该乘哪辆公交”时，得到的回答是“这个嘛，我没乘过公交，完全没概念”。

在墨西哥成为中产阶级的条件，即乘坐私家车出行。在乘坐地铁、公交等都市交通工具出行时，哪怕在某处遭遇窃贼或强盗也不能抱怨。更富有的大金主则自掏腰包雇用保镖。

在日本，可以带着拉链大敞的包包乘坐电车，同时又对自己的疏忽大意发出“这就是日本的优点啊”的安慰之词。顺带一提，我在国外绝对不会做出这种粗心大意的事。

## 只要活着，必然存在危险

“安全与监视”和“安全与控制”（包括自我控制）是两码事。所谓危险社会，指的是市民出卖隐私、自勒脖颈的社会。然而，一旦自己年老体虚，这样做或许也是无可奈何的。

“安全”已成了一种成套商品，若真担心，可以花钱购买。只要向警备保障公司请托，立刻会有人上门估价，也花费不了太多的钱。一旦警报响起，工作人员会在10分钟之内赶来，但10分钟到底算漫长还是短促呢?

如果害怕盗窃行为，把钥匙换成电磁式的就行。将保安当作卖点的公寓甚至引进了生物认证等新式系统。即便如此，假如还是无法抵挡那些尾随在某人身后突然闯入的人，唔，到时候就走一步看一步吧。最好不要随身携带值钱的东西。

只要告诉对方，身外之物全部拿走，不伤及自己的性命即可。对方说到底也是个人，不会（很少）因为喜欢就想杀人的吧。

只要活着，必然存在危险。并且这点无关年轻或年老。待在家中遭遇强盗入室，和身患心脏的老毛病却跑去登山，应该是后者的危险程度更大吧。搭乘汽车和飞机的危险概率也在逐步攀升。即便如此也无法放弃自己想要做的事，这点与年龄毫无关系。

事故、灾难和犯罪，全都是某种无法预测的危险。有备无患固然好，但若以此为理由而制约自己的生活方式，那根本就是本末倒置了。

# 第三章

# 和什么人交往，怎样交往

# 一个人的 老后

おひとりさまの老後

## 一个人，两个人，和大家在一起

所谓“一个人的老后”，指的是想独处就独处，想两个人待在一起就两个人待在一起，想和大家在一起就和大家在一起——只要每种模式都各有各的时间和空间即可。

“一个人”是最基本的。一个人都能过下去的人，在两个人、很多人一起的情况下也能过。

独自生活的人不可能一直独处；而正和家人同住的人，也不可能永远跟其他人一起住下去。

不仅如此，在我对九州某个城市所展开的调查中显示，与子女同住的多数高龄者哪怕已处在需要重度护理的状态，白天也过着形同单人家庭的生活（这被称作“白天单人家庭”）。换言之，现如今已完全无法期待那些整天待在家中的主妇的存在。只要年轻一辈的夫妻双双出门工作，与其同住的高龄者在白天就变成了孤单一人。同住还是分居，很多时候是无法加以区分的。

独自生活的基本，**是对独处有耐性**。既然如此，就交给单身生活的专业人士吧。如果有他人在场，反而会分散注意力，导致无法集中精神。基本来说，我所做的就是“读”和“写”这些需要坐着完成的工作，用老话说，就是如同装饰工匠、版画雕刻师那种“居职”[1]。虽说也有人会开着收音机，或者边听音乐边工作，但对我来说这些反而碍事。在寂静无声、不存在其他任何人的空间里集中注意力做自己喜欢的事，再也没有哪种时间比这种更让我感到幸福了。

## 独处的快乐和不安

前文写过，对高龄独居者表示“孤身一人想必很寂寞吧”，是多管闲事的行为。

事实上，独自生活的高龄者对孤独很有耐性。北欧的先进福利制度刚被介绍给日本的时候，曾冒出过“独居家庭率居高的瑞典，高龄者自杀率也很高，所以像日本老年人这样，被家人包围着才是幸福的……”这类宣传。而事实上，说到高龄者自杀率，反倒是日本高于瑞典，并且有数据显示，同居老人的自杀率高于独居老人。

独自生活的高手不仅擅长独处，也十分擅长与他人相

[1] 即“坐着完成的职业”。

处。那是因为他们明白，独处所带来的不仅有快乐，也有不安。一直以家庭为中心生活的人，一旦家人离开就会变成孤单一人，而在独自生活的高手看来，这其实是那些人迄今为止没有建立起家人以外的人际关系的结果。

## “劳碌命”的人老后会如何？

对于以工作为中心而活的人也是同样的道理。一旦离开工作，也代表着与因工作而产生的人际关系一刀两断。

然而，这种情况很少在女性之中发生。因为多数女性的生活方式并非“以工作为轴心”。可以说，女性**没有愚蠢到让自己的生活屈从于工作**；也可以说，即便女性那样做了，也无法与男性同工同酬，对于这种职场状况，女性早就放弃了，因此仅以一半的身心投入工作。

关于“定年退职”[1]者的生活方式，很早之前就对其进行报道的加藤仁[2]在图书《定年后》中表示，最近在演讲时，也会碰上对“退休后不知该怎么办”的情况表现出不安的女性。因此，关于“女性退休后”的状况也有进行考量的必要。

[1] 即按照法定年龄退休。

[2] 加藤仁（1974—2009）：出生于日本爱知县，毕业于早稻田大学政治经济学部。曾在出版社工作，后作为纪实文学作家进行独立创作。加藤持续撰写评论性传记、报告文学等，并采访了3000多名退休老人，从生活者的视角出发进行采访写作。

不能说“这种女性绝对不存在”。将来，或许会有“劳碌命”的职业女性、女企业家登场。然而，那些和男性一样参加权力斗争、职位争夺战，却“主动”或“被迫”从中退出的女性，可以说是过早地过上了退休后的生活。

我曾受关西某大企业的委托，对那些被称作“模范退休者”、过着幸福的“后退休生活”的男性退休者进行调查。这些人的共同点，是从40多岁就开始提前助跑，才得以在退休后实现软着陆。反过来说，他们都在人生过半之时与公司拉开距离，以一半的身心投入工作，并在地区活动或兴趣爱好中找到“另一个自己”。以结果而论，这或许正是退休后生活幸福的原因所在，但同时我也发现，他们在职场上都没有什么了不得的成就。

## “亲爱的朋友”网络

家人终将离去。工作、同事有朝一日也将消失。之后，朋友就成了硕果仅存的人。单身人士将自己不曾用在家人身上的时间和精力用来交朋友，并花费时间和精力在维护友谊上。

### 朋友是需要维护的

也有人表示，不需要维护的友谊才是真正的友谊。无论如何久违都如同昨天才刚分别一般，能够快速重温旧日交情的，才叫真正的好友。

青梅竹马式的旧日好友或许能够如此。然而，那些“多年不见”的关系，也就不能刻意称之为“朋友”关系了。能够称得上朋友的，是那些在必要时刻赶到你身边、给予你支持和安慰、彼此分享经验的人。正因如此，交朋友需要努力，友情也需要维护。

顺带一提，有些人似乎认为“家人完全不需要维护”，这完全是误解。正因为懈怠了对家人的维护，男人才会在家庭中失去位置。**即使丢在一边也能继续维持的关系称不上是关系，而是无关紧要。**

## 职场上没有朋友也没问题

我把朋友认定为精神安定剂。假如处在压力过强的环境中，必定有一处可以让人放松肩膀的场所。外国生活就是其一。只要不是作为旅行者，而是以工作或留学为目的长期滞留外国，压力就会不可避免地上升。在研究者业界，所有人都是潜在的竞争对手，丝毫不能松懈。我对自己的弱点心知肚明，因此会渴求大学之外的朋友，并为此而努力。若想要发牢骚和抱怨，只找大学以外的人。

经常有同为留学生的情侣结婚，但只要看到这些情侣，就会发出“没错，压力果然很大”的感慨。近期，我就职的东京大学社会学研究室中，同为研究生的情侣在增加，总感觉那里还真是一个压力多多的环境。他们对将来没有预测，置身于相互竞争的位置。若持续在这种严苛的环境中进行研究，人们就会想要能同甘共苦、相互扶持的同志。只要对方是异性，竞争意识也能得以缓和。然而，一旦危机状况离去，你对伴侣的需求也会随之改变。真到了那个时候，难点就变成了无法轻易更换伴侣。

有人感叹“职场中交不到朋友”，但最好还是不要在职场中渴求友谊。在同事之中寻求朋友是最后的选项，只因为同事永远都是你潜在的竞争对手和评价者。朋友仅限于在没有利害关系的其他行业中寻找，因为那些人才能够毫无贪婪地接受你。

哎呀，这也不是什么难事。只要去参加兴趣小组或志愿者活动，就能遇到与自己在生活方式上截然不同的各行各业的人士。而这些人跟你一起度过一段时间的理由，应该纯粹是跟你在一起就很开心。

## “在一起就很开心”的人是什么样的？

想要“在一起就很开心”，就不得不变成“有趣的人”或“话题丰富的人”，这也是一种误解。“话题丰富的人”是“自顾自说个没完的人”的代名词，怎么可能招人喜欢？接二连三地听别人讲话，只会让人感到厌烦而已。

我曾因有过“跟那个人一起吃饭会不会很有趣”的想法，而邀请了某个男性共同进餐，结果失败。为了炒热席间气氛，那人接二连三地冒出“有趣的话题”，我却被他的行为搞得精疲力竭。事后我才得知，**对方身为关西人，把这种行为当作服务精神**。其实这是误读了服务精神。不仅是关西人，多数“油腻大叔”对此也有所误解。

“在一起就很开心”，或许应该理解为“在一起就感觉不错”。那些沉默寡言、稳当，习惯于倾听他人的话语、在关键之处反应强烈的人才称得上“在一起就感觉不错”。要点就是能够正确地倾听并与他人交流。自顾自地说个没完的人只会招人讨厌。

我在山里有自己的工作室，并加入了移居当地的退休人士的社交团体。被他们“千鹤子、千鹤子”地喊着，又被当成最年少的成员对待，这是我在别处所体会不到的喜悦。大家偶尔在一起聚餐，但只要碰上一个劲自吹自擂的、窥探他人过去的、有说教癖等这类习惯的人，大家当面笑嘻嘻地配合着他们，到了下次就会若无其事地避开。那种观察力与鉴定人物的眼光，准确到令人咋舌。

好不容易上了年纪并远离了世俗的利害关系，就再也没有忍耐着跟讨厌的人交往的理由了。既然时间和精力全都有限，当然想要选择跟让自己感觉舒服的人一起，度过舒心的时光。之所以会这样想问题,应该就是所谓的“年龄的功劳”吧。

## 以高科技支撑的沟通

会面、谈天、一起吃饭，为了这些交往，所需条件当然是住得近，但光有这些仍算不上是沟通。一旦上了年纪，就会对移动提不起劲，移动同时也成了一种困难。这时候就该轮到高科技出场了。

所谓高科技，也就是电话和互联网。每个人都拥有的电话是非常好的通信机器，并且还是双向型的，越来越方便。至于手机，使用同一家公司号码的两个人无论聊多久都免费，IP 电话也可以畅聊，通信机器也有了充分的进化，变得廉价。

从前，有位高龄女性在面对儿媳“要不要一起住”的亲切提议时断然拒绝，继续独自生活在公寓之中。她没有“想必很寂寞吧”的时刻，从不缺少煲电话粥的对象，每个月要花费 1 万日元以上的电话费。现在她的通信费应该便宜了不少吧。再加上散在全国各地的好友们每个季节都会用快递送上“当季的滋味”，媳妇去看望她，会带上一堆土特产回家。

她的生活就是如此丰富。即便因腰腿不好而没有出门的意愿，只要拥有高科技通信工具，交际手段方面就不存在任何的不自由。哪怕出门吃顿饭也会转眼间花掉1万日元左右，高科技可谓低成本的交际。

## 只要有电脑，世界就会猛然变宽广

对高龄者而言，互联网可谓福音。同时，互联网也是病人和残障人士的福音。想必不少人都会在患病时通过互联网查询医疗和患者团体的相关信息吧。哪怕外出或移动困难，只要拥有电脑，世界就会猛然变宽广。我认为，医院、养老设施也应该为其使用者铺设园内局域网，并允许自由连接。

ALS，即肌肉萎缩性侧索硬化病（俗称渐冻症）是种恐怖的病症。身体逐渐丧失自由，甚至发展到无法自主呼吸，患者被迫做出是否要切开气管、安装人工呼吸器的决断。最后阶段被称作“Lock In”，即意识被闭锁在僵硬如铠甲、动弹不得的肉体之中。即便如此，患者仍然拥有思考能力和想法。直至最后还能够动的，是眼睑肌肉。

已故的ALS患者山口进一，曾躺在推床式的轮椅上生活，他断言道：“电脑是为了我们这些ALS患者而存在的。”他是一名工程师，早年在家电制造企业开发通信机器。从自己患病以来，他将从前累积的知识进行了总动员，开发出为 ALS 患者而设的程序。

对眼睑肌肉的动作产生反应的键盘、为切开气管后失声的人恢复自己声音的发声装置等，他与工程师同事们共同制作了定制软件。山口是 IT 界的先锋人物，正因有了这群人的存在，残障人士专用软件才能源源不断地推出。

## 残障人士专用软件是高龄者的强力伙伴

身为视觉障碍者、以“全盲的社会学博士”而广为人知的石川准也是一名 IT 宅男。他不断开发出语音软件和视觉障碍者专用软件，并在网络上公开。他的程序和软件跟 Linux 操作系统一样是免费公开，用户也给他带来诸如“某个地方不好使”等种种反馈，这也使得软件能持续优化。

顺带一提，继石川先生在东大社会学研究室取得博士学位之后，又诞生了第二个身为视觉障碍者的博士，也有相同状况的学生考上大学。就读于大学的健君是上野研究室的学生,他也同样使用电脑。视觉障碍者无须使用屏幕终端，有键盘和硬盘即可。敲击键盘的同时，健君还不忘展示“这才是货真价实的盲打哦”的幽默精神。

高龄者也应该感谢视觉障碍者所使用的声音输出软件

的存在。对那些不擅长敲打键盘的高龄者而言，只要拥有声音输出软件即可。作家水上勉[1]在晚年时期似乎也使用过声音输出软件。这样一来，做口述笔记时就不必特意请他人帮忙了。

针对聋哑人，也有在画面上显示手语的翻译软件。可以说，只要是在互联网上以聊天软件或邮件交谈，看不见、听不见、说不了话，全都算不上是什么“障碍”。**电脑即无屏障的沟通工具。**

残障人士在定制软件的开发方面比普通人先迈出了一两步，托他们的福，普通人也能够想到“对啊，腿脚动不了了就用那个”“听不到、看不到了用那个就好”“万一瘫痪了，还有那种方法”“就算失声也有那种手段”……如此，也就能安心地老去。残障人士向我们这些高龄者预备役（或说大小也算是残障人士预备役吧）所送上的最重要信息，即“只要有了各种辅助工具，哪怕仍旧稍有不便，也能够快乐地生活”这句鼓励。

## 决定恋情的关键是长相还是言语？

接下去，我们再来谈谈关于“因互联网而改变的异性魅

[1] 水上勉（1919—2004）：日本小说家，代表作有《雾和影》《饥饿海峡》等。

力”的话题。上野研究室的其中一名学生选择了“远距离恋爱”作为毕业论文的研究主题。这个主题与国际化时代十分相符，虽说是远距离，也有身在本国的人与留学生、派驻人员等之间的全球性恋爱。

很久以前，即便能够使用双向性的沟通工具，国际长途的费用也相当昂贵，甚至还有过定时让电话铃声响上两次，以确认对方是否平安这种“悲伤故事”。那是种无法长时间通话的状况。

托互联网之福，沟通在现如今简单到可怕。研究室的那位学生所提及的，是跨越太平洋的恋人之间的聊天。他们会在决定好的时间双双坐在电脑前彼此交流。即便没法看到对方的脸，对方的反应能够瞬时传递过来的现场感依旧很不错。

在此之中又有了有趣的发现：住在美国的男性脚踏两条船地勾着身在日本的女孩们，持续聊天的过程中没有选择“**长相好看又老实的女孩**”，反倒选了“**虽然长得不怎么样，聊起天来却很有趣的女孩**”。

所谓网络聊天，是那些出现在屏幕上、纯粹以语言进行的交流。对语言的敏锐感觉、错位和模糊等“技巧”之有无，全都清晰地展现出来。若没有这些特质，话题很快就会被打断，聊天也无法继续。决定恋情的关键并非长相，而是言语。“相爱就无须言语”是没错，但在达到“无须言语”的境界之前，言语仍旧存在，这也是一种真理。说出这句话的是纪实作家石川好[1]。因此,听闻学不好外语的日本男人似乎无法追求外国女人。

## 以高科技保障被护理者的权利

跟电话相比，互联网的优点在于与对方通信时无须选择时间。这不仅体现在对方身在外国、两人之间存在时差的场合。每个人的生活方式都有不同，打电话就需要考虑时间是否太迟，电子邮件则能 24 小时随时发送。

并且，跟那些收到手机信息后 5 分钟内不回复就怕被对方断交的孩子们不同，老年人全都很优哉。哪怕数日不回复,只要佯装不知,表示“没开电脑”或“刚巧出门了”就行。以“啊，你没收到回复吗? 我应该早就发送了啊，是不是出了什么差错呢，哈哈”的方式装傻充愣，可是老婆婆、老爷爷的拿手好戏。

话虽如此，前文出现的樋口惠子女士曾表示，需要给

[1] 石川好（1947— ）：日本纪实作家，历任新日中友好 21 世纪委员会委员、秋田公立美术工艺短期大学校长等。

护理保险制度“嵌入居民参与的 DNA”。换言之，每三年召开一次的地方自治体护理保险事业计划的制定委员会会议，需用居民参与的方式进行。

然而实际状况却是，地方自治体所挑选的委员多数为学者、专家、从事服务行业的代表、家族会的成员，完全不存在关键的相关制度使用者。没有使用者的声音，谈何居民参与。所谓服务，是配合使用者需求而产生的。提供不符合需求的服务，都会以错误估计而告终。既然如此，聆听使用者的主张是十分有必要的。

说到护理服务的使用者，当然是指被护理者。这些人该如何出席委员会会议？只要使用轮椅或担架床，哪怕是ALS患者那种重度残障人士也能够出席。唯有这点得到保证，才算是真正意义上的“居民参与”吧。

最关键的是使用让老年人无须刻意出门，也能够隔空参加会议的通信工具。躺在养老设施或医院的床上，同时以委员会成员的身份介入讨论的流程，在这个高科技的时代，没有什么是做不到的。企业为了节约员工因出差而产生的费用和时间成本，都在不停地使用这些高科技通信机器，但高龄者和残障人士才应该是更多地受惠于高科技的人群。

## 有没有一起吃饭的对象？

假如亲密程度是通过一起吃饭的次数来体现的话，那么只跟家人一起吃饭的人，很难跟其他朋友建立亲密关系。一年三百六十五天，跟某些人一起吃饭就无法跟其他人在一起，其中也存在权衡关系。

当然，我们可以“打开”一个家庭。我与伴侣住在京都的时候，一周内有两三天会加入朋友的餐桌。现在想来，虽说当时真的很清闲，但主要原因在于，在京都，一通电话表示“我弄了好吃的，要不要一起来吃”，朋友就能骑车在15分钟内赶到，这是地方城市才有的优点。东京不好的地方就在于，哪怕有人提出“要不要来吃饭?”的邀约，只要一想到来回两小时的路程，心情也会跟着萎靡。再加上现在的单身职业女性都很忙碌，光要调整行程都够呛。尽管至少要提前一个月预约才能够见上面，我还是在为此努力。

## 比起床上伴侣，更想要餐桌伴侣

能够共同进餐的对象，其重要程度或许跟能够一起上床的对象是同等的。以下是在一次 50~60 岁的男女聚会的席间所提出的话题，事关“终极选择”。

话题是关于“从今往后直到死前，你是选择‘究极的性爱配难吃的饭菜’，还是‘每天吃美食配再也不做爱’”。在座的六名男女一致回答：“要美食，不要性爱！”

其中一人解释道：“性爱并非日常所需，吃饭却是每天都要做的。”对此，所有人都“嗯嗯”地连连颔首。又或者说，他们的真实想法其实出于“今后再也不可能接触到‘究极的性爱’”这种现实主义的考量。

随着年龄渐增，吃饭变得无比重要。我刚开始在一个熟人都没有的外国生活时，就发出了“不需要床伴，但正在招募餐桌伴侣”的通告。拥有性爱也不是什么令人困扰的事，但跟别人一起吃饭更能使心情变得丰沛。

## 能让餐点变好吃的对象，以及人数少

除了“吃什么”，“跟谁一起吃”也很重要。

最近，我完全不想去参加那些有人情社交的餐会，更不想跟会让餐点变难吃的人围在一张餐桌旁。横竖要一起吃饭的话，还是想找说话风趣、彼此之间完全没有隔阂的人，大约五六人一桌。所谓“说话风趣的人”，指的并非是那些光说自己事的人，这点前文也有提及。在社会学的小团体研究中发现，一旦人数超过十五，就会自动分解成两个团体，这都是经验之谈。十五人分成两组，即七到八人为一组。

同坐一桌、全员能够共享一个话题的人数上限大约是八人，一旦超过这个数字，话题就会分成两个，想必很多人都对此有过亲身体验。当六个人兴奋地讨论一个话题时，其余两到三人在讨论其他话题的情况并不少见。这样一来，两边的人都会扫兴。人情社交场合姑且不论，和亲近之人说闲话时不需要太多的人参与。

在小仓千加子[1]最近的著作《女人味入门》（笑）中，诗人谷川俊太郎[2]提问道：“最重要的是什么？”答复是“带笑的晚餐”。我想，这人也到了能够深切感受与知心人无忧无虑地笑着，一起围坐在餐桌旁品味每一餐的年龄了啊。

[1] 小仓千加子（1952— ）：日本心理学家。代表作有《结婚的条件》。

[2] 谷川俊太郎（1931— ）：日本当代诗人、剧作家、翻译家。代表作有《62首十四行诗》《关于爱》《谷川俊太郎诗选》等。

## 别喊上男人加入女人的餐桌

吃饭也跟性别有关。女人们约好了一起吃饭，某个朋友却打电话过来,说想邀请某个大家都认识的男性。她还表示,因为对方最近没什么精神,才想邀请他。我立刻回复“NO”,果断加以拒绝。**一旦男人加入，餐桌上的话题就会变味。**

元气满满的男人会自吹自擂，若是没精神的男人，大家就得听他发牢骚。从经验得知，无论是哪种男人加入，餐桌上都会有以男人为中心讨论话题的倾向。明明是自掏腰包去吃美食，却要充当别人的女招待，简直让人受不了。

在那种席间，至少会有一个女人扮演起迎合男人意志的女招待的角色，光是看到这种情况就让人感到不愉快。并无恶意地想，应该是身体自然而然地就那么动起来了吧。很多女人身上都有这种为男人服务的精神，因为自己搞不好也会这样做，所以感觉更恐怖。

在我果断回复“NO”之后，对方也说“说得也对”，爽快地表示理解并放弃了这个想法。在银座共享美味餐点之后，我又说“你看，没喊他来是正确的吧”，对方也微笑着说“没错”。

话虽如此，跟男人一起吃饭并不让人感觉讨厌，只要跟喜欢的人面对面即可。无论纯不纯粹，异性交往还是请第三者回避，两人独处比较好。理由在于，此刻对象专属于我，在一起的时候他也会对我全心全意。

真正重要的朋友无须太多，也无须距离自己太近。没必要向近邻或一起吃饭的同伴展示自己的内心最深处，而能够理解自己的好友无论在世界的哪个角落，你随时伸手，对方随时都能给予回应。能够这样想该多么幸福。所谓老去，或许就是这样的好友一个接一个地离开人世所带来的寂寞感吧。

## 光靠自己打发不了时间？

我曾经模仿有钱人和穷人，做过关于“有时间或缺乏时间”方面的时间消费行为的调查。时间平等地分配给每个人一天二十四小时，其中的“有时间”，指的是“可支配时间”很长的人。时间充裕度的高低，取决于一天之中拥有多少自己的可支配时间。

调查结果中，有两个相当明显的发现。

其一，光靠自己打发不了时间。

其二，时间不会自动打发掉。

打发时间，需要一起打发时间的对象和打发时间的技巧。没有相应方法却有大段的空闲时间，对有些人而言即“地狱”。

话说回来，**最让独居人士难以应付的时间是圣诞节和**

正月。这是一个朋友们分别回归各自的家庭、街面上也行人寥落，只能充分品味独自一人的心情的季节。

不过，这仅是单身人士稀缺时代会发生的事。现如今应该没人会为了这种事而苦恼了。

第 2 章介绍过的俵萠子女士是这方面的大前辈，从大晦日[1]到正月，她都会召集单身好友，主办"'大家一起看红白[2]'大会"。如此一来，孤孤单单的大晦日就变成了一年一度的盛大宴会之日。这一切全都饱含智慧和功夫。

## 大晦日家庭，"失乐园锅"式家族

这几年来，我在大晦日的固定节目都是四个单身男女一起举办"跨年荞麦面和香槟的新年倒计时派对"。跨年荞麦面也是由身为手打荞麦面高手的朋友在当天打好，并附带蘸料送过来的。如今，我们这四人可以叫作"大晦日家庭"。大家说着"虽然发生了很多事，今年也请多多关照"，跨过旧年就立刻互道"新年快乐"。

另一项重要的活动，则是和单身女性朋友们的新年聚

[1] 大晦日：日本人把每年 12 月 31 日称为"大晦日"，会在当晚"除夜"，祈求神灵托福，辞旧迎新。

[2] 红白：全称"红白歌合战"，由日本广播协会（NHK）每年在 12 月 31 日晚举办，参赛者都是从日本歌坛中选拔出来的最有实力、人气旺、人品好并受到广大歌迷喜爱的歌手，由女歌手组成红队、男歌手组成白队进行比赛。在中国，"红白"也被戏称为"日本春晚"。

会。大家围坐桌前，桌上摆放着渡边淳一[1]的小说《失乐园》中，主人公在殉情前夜所吃的“今生最后一餐”——鸭肉水芹锅，也被命名为“失乐园锅”。小说中配合这道料理端上的是玛歌酒庄（Chateau Margaux）的葡萄酒，为此我特意拿出了珍藏的玛歌酒庄的酒。美味的葡萄酒配辛辣却有爱的对话，再加上百吃不腻的关西风味鸭肉锅，这等滋味成为每年一度、不可欠缺的乐趣。

到了我这把年龄，就会生出“今年也能全员集合真是太好了。明年也能一个不少地集合就好了”的感慨来。每一年，身体不适的人都会增加，其中还有癌症幸存者。尽管我们这群人只是每年集中一回的“失乐园锅”式的家族，感觉却跟真正的家庭没区别。

现如今，无论是圣诞节、万圣节、正月还是桃花节[2]，对单身人士而言都是纯粹找乐子的借口。完全没必要说什么“有家的人可真好”并表示羡慕。更重要的是，不必在这些日子强迫自己去吃甜腻的散寿司饭、汉堡等适合孩子的餐点，完全可以自由自在地享用上等葡萄酒和“成年人滋味”的美食。如果喜欢安静，还可以独自享受退潮一般车少人也少的都市

[1] 渡边淳一（1933—2014）：日本作家，被誉为日本情爱大师。代表作有《失乐园》《樱花树下》等。

[2] 桃花节：日本女儿节的别称。

闲散非日常生活。

想要一个人独处还是和他人相处，无论怎么选都是“一个人”的特权。为此，要根据用途的不同而**备好各种同伴的“库存”**，这也是“一个人”的心得。

## 关于

## “逐渐被遗忘”这件事

“衰老，代表着逐渐被世人所遗忘。”有人如此说。

对于那些尝过名声、权势滋味的人而言，或许是会存在这种心情。在看到名人的讣告时，常会有人惊讶地表示：“咦，这人还活着?!”在我们心中，那个“前名人”早就死了。对于那些在变幻莫测的新闻界和靠人气维生的行业中打滚的人们来说，不在媒体上露面，或许直接就代表了“社会性死亡”。

然而，成为那些素未谋面的人们的“记忆”，对于自己的生活又有何意义?

### “爱过”的记忆库存，多多益善

“丧失”的经验之所以痛苦，是因为随着与你共享某段时间和经历的某个人的死去，记忆也一起随之而去。所谓“记忆”，是让自己活在他人的头脑之中，正因如此，活在对方记忆中的“自己最重要的部分”也随着对方死亡而被剥夺。那是一种无从挽回的丧失，甚至还会生出一股想埋都埋不掉的缺失感。

因此，对于那些爱过的人，我们都希望他们能够长命百岁。哪怕是旧人，我们也会觉得，那人**记忆中还活着两人相爱的过往**，无论他在地球的哪个角落，只要得知此人还活着，我们就会感到安心。

随着年岁渐长，过去曾经爱过的人们也一个接一个地离世。每当这时，我们都会痛彻地感受到自己永久地失去了身体内的某个部分。如果说“老去”意味着被身边之人通过死亡而“遗忘”，那我同意这个看法。

我这样说，或许会被人说“你的库存可真多”。这也没错，我也没有一味地只守护某一位伴侣。

“爱过”的记忆库存，多多益善。曾经爱过的，都是那些有理由去爱的人，因此我从未恨过那些我所喜欢上的人，也从不愿看到喜欢过的人不幸的模样。哪怕因某些缘由而分别，也希望对方能够幸福——“要幸福哦，虽然遗憾的是，我不能亲手给你幸福了。”

## 名为"比自己年轻的朋友"的风险对冲

比他人长寿的悲哀之处，或许就在于这种丧失感。

这里所指的不仅是恋人。家人、青梅竹马、好友、同甘共苦的伙伴……共享同一段时间和经验而积累起来的记忆，一个接一个地被撕碎。每一个记忆都独一无二，不是其他记忆所能替代得了的。

我曾目睹某位年长且值得尊敬的男性，在接到长时间里跟自己一同吃苦的市民运动伙伴的讣报时，不顾旁人目光直接呜咽出声，让人一句安慰之词都说不出来。每当这种时刻，除了以身体语言来表达"虽然我理解不了你，但还是确实感受到了你的悲哀"，旁人什么都做不了。

为了减轻这种丧失所带来的痛苦，去结交年轻的朋友是最好的方法。虽说年轻未必代表比自己活得久，多少也能分散一些丧失的风险。所谓超高龄社会，就是一个只要长寿，自己的孩子就有可能先走一步的"高龄逆缘"的时代。

当然，一个人的记忆很难代替其他人的记忆，即便如此，有一个能传送出"我在这里，你不是孤单一人"信息的朋友存在仍然十分重要。

讲到宠物的话，那就更简单了。我的某个唯恐失去宠物的朋友，在面对自己那只身体逐渐衰弱的老狗时，下决心再养一只小狗。她完全想象得到，失去长年以来如同家人一般生活在一起的宠物时受到的打击会有多深。在小狗来到之后，她的感情完全转移到了可爱的小狗身上。谢天谢地的是，“原住民”老狗对小狗并无分毫嫉妒之心，似乎还负责照顾它。朋友笑眯眯地表示：“没办法啊，就是可爱到招架不住。”

## 孤独是重要的伙伴

真要说起来，能够治愈孤独的并非“你不是孤单一人”这句话。更加正确地说，应该是“你很孤独，同样孤独的我虽说无法理解，却很明白”这句话。

只要有心，也能够从过去的书籍中寻获知己。长年以来为病痛所苦的生命科学家柳泽桂子[1]写过这样的文字：

> 在乱读宗教书、哲学书、文学书等的过程中……
>
> 身为人类的悲哀并没有得到淡化。
>
> 通过阅读书籍，
>
> 这份悲哀反而变得难以撼动。

[1] 柳泽桂子（1938— ）：日本御茶水女子大学毕业，美国哥伦比亚大学研究所课程修满。1978年病倒，其后以科学家身份活跃至今。代表作有《人类的一生》《被治愈地活着：女性生命科学家的心路旅程》等。

然而我意识到，了解这份真正的悲哀的，
并不独我一人。[1]

对单身人士而言，“孤独”是最为重要的伙伴。与其逃避孤独，不如去思索与孤独相处的方法。

[1]《柳泽桂子 生命的言语》集英社，2006 年。以下关于柳泽的引用文字全部摘抄自该书。

## 排解孤独，还是面对孤独？

那么，该如何与孤独相处？这是个问题。

与孤独相处的方法唯有两种：排解，或是面对。

日语中能够被称作“孤独”的，有“寂寞”（loneliness）和“独处”（solitude）这两个词。而“寂寞”跟“独处”又是不同的。

对于听到“孤独”就联想到“寂寞”的老一辈日本人而言，“没有隐私”似乎是彼此亲密的证据。他们是能在身边随时有人的空间中感受到舒适的一辈人。然而，与他人之间的身体距离只是纯粹的生活习惯，只要生活方式有所改变，身体感觉也会随之而变。

### 你会觉得独处很舒适吗？

“独处”是独居人士的基本生活状态。横竖都要独处的话，还是顺势享受的好。倒不如说，选择“独自一人”，就是选择了独处的乐趣。

津田和寿澄[1]女士在《再也不怕“独处”了》中，对“寂寞”和“独处”作出了区分。我颇有同感。在外资公司持续奔走的精英，需要与诸多人士进行接触、交涉、缠斗，并能够解决全部问题，在此基础上提出“独处让人感觉很舒服”是很有说服力的。反过来说，如果认为“独处让人感觉很舒服”，就能够安心地独处。

成人影片导演兼男演员二村仁[2]的作品《一切都是为了受欢迎》（长期畅销书，文库版[3]更名为《为了受欢迎的哲学》）中，对于“寻找容身之处”的寂寞之人，有一句极为尖锐的话语：**“你的容身之处，是指‘即便一人独处也不会让你感到寂寞的地方’。”**光是能够遇到这样一行文字，就让人感觉“能拿起这本书真是太好了”。这是一部全心全意为了“受欢迎”而付出一切努力的男性所领悟到的哲学。对此我感激之至，最终在该书文库版为其撰写解说。

自从梭罗[4]的《瓦尔登湖》（日版译名《森之生活》）出版

[1]　津田和寿澄：日本作家，创作学园大学客座教授。著有《孤独力》。

[2]　二村仁（二村ヒトシ）：1964 年生。庆应义塾大学文学部辍学。成人影片导演。确立了女性掌握主导权爱抚男性的“痴女”、男演员不登场的“女女”、女性不登场的“女装美少年”等类型的演出手法。

[3]　文库版：日本出版物的开本之一，以普及为目的的小型本，便于携带，价格便宜。

[4]　梭罗（Henry David Thoreau，1817—1862）：美国超经验主义作家、诗人及思想家。代表作有《瓦尔登湖》《种子的信仰》《野果》等。

以来，美国人就越来越能忍受这种孤独。

我曾和身为外交官之子的美国友人有过对话。他的父母在年过七旬的年龄离婚，母亲随即在波士顿郊外森林中的独栋建筑里开始独自生活。退休之后，父亲就会时不时地、有所求般地拜访居住于纽约的儿子并与其一起用餐。从他说话的语气来看，他显然尊重母亲胜过父亲。

跟他谈话时，我的脑海中浮现出了作家落合惠子[1]最为崇拜的美国女性作家梅·萨顿[2]。在萨顿作品《总决算之时》（*A Reckoning*）中，主人公是一名迎来癌症末期的老年女性，她甚至不愿意让女儿打扰自己的独处。而沉溺于即将失去母亲的感伤中备感惊慌失措的女儿所强加在她身上的爱，让主人公感到厌烦。她在独自死去前唯一愿意见的，就是那些能够理解自己的老女友们。

读罢这部作品后我不由得想，即将逝去之人是否出于懦弱的温柔，才会回应亲人的悲叹——同时心里还想着“即将死去的人是我不是你”。

[1] 落合惠子（1945— ）：日本作家。主办儿童和女性图书专营店蜡笔书屋（Crayon House）。《月刊儿童论》《月刊蜡笔》发行人。*Women's Eye* 编辑。《星期五周刊》编辑委员。

[2] 梅·萨顿（May Sarton，1912—1995）：出生于比利时，1916 年移居美国。颇有声誉的日记体作家、小说家和诗人。代表作有《独居日记》《祖父的出生》《海边小屋》等。

## 独处的至福

我既喜欢与朋友们相处,也喜欢独处。或许有人会说"你这种大忙人不至于吧"，其实没这回事。

我曾在温哥华度过一个夏季。在夕阳西斜的傍晚 7 点过后，想着"好了，出去走走吧"，于是就拿上一罐啤酒，驾车前往能够看到落日沉入太平洋的海岬最顶端——这是我每天的必修课。地处高纬度的温哥华日落迟迟，我总会坐在草地上，在海风的吹拂中微微地倾斜啤酒罐，等待落日缓缓靠近海平面的时刻。那几个小时堪称至福!

偶尔我也会想，假若旁边有人陪伴，快乐这种东西分享后非但不会减少，还会增加个两三倍；但这种独处的幸福感是如此完美，以至于让我觉得也没必要同他人分享。

在温哥华虽然也不乏一起吃饭的洒脱餐桌伴侣，但与他人交往的乐趣和独处的乐趣是两码事。我没告诉过任何人自己是如何消磨傍晚时光的，也**没将自己观赏落日的地点告知任何人**。

另一个乐趣，则是在空空如也的图书馆中，阅读那些与工作无关的非必要书籍。啊，怎么会如此幸福——此过程让人充满喜悦之情。只要是喜欢自己玩的人们，都会有类似的乐趣吧。

## 自然是最好的朋友

自然是孤独最好的朋友。人能独处而完全感觉不到痛苦的时刻，正是身处大自然之中，切身感受自己是如何渺小之时。我年轻时就是个喜好登山、野营等“户外系”活动的人，而引导当时只有十多岁的我认识到这种快乐的是我的兄长，对此必须向他表示感谢。

时至今日，在自然中享受滑雪、潜水等，依旧是我必不可少的乐趣。在天尚未破晓之时，我就穿好滑雪衫、戴好护目镜，全副武装、冻得发抖地出现在滑雪场，一边嘟囔着“这种玩法还真难”，一边套着滑雪板站在雪原之上，感受那股从心底奔涌而出的纯粹喜悦。在自然而然地笑出声的时刻，你会明白自己的满足之情，所有压力都在此刻一扫而空。

享受户外活动的理由之一，就在于大自然对人们无条件的接纳。更准确地说，是人们接触到“**大自然谈不上接不接纳人类，只是存在于此处**”这一压倒性的事实。对自然而言，人类存不存在都与其无关。海拔超过 2500 米的山岳地带，条件之艰辛，直接拒绝人类在此生活。登山者只能窥探着大山的心情，匆匆地掠走其魅力的凤毛麟角罢了。长在高山上的花田十分美丽，却不是为我而盛开，无论我去还是不去，这片花田打从冰河时期起便持续开花，在我死后也将继续盛放。而此美景此刻就在自己眼前，堪称奇迹。

“自然的优点就在于，它与我无关，始终都在那里。”

这是我某次对一群女友所说的话。某位女友立刻回复：

“讨厌啦，我希望所有的一切都是为我而存在的。”

此人的职业是心理咨询师。哎呀呀。

## 在寂寞的时候<br>能够直接说寂寞

“喜爱独处”听上去似乎像在逞强，所以我们再来思考一下另一种与寂寞相处的方法，即“排解寂寞”吧。

对我而言，最基本的就是不在寂寞时强行忍耐。寂寞的时候，直接就把“寂寞”说出来。更准确地说，**是认真地寻找能够诉说寂寞的对象**。

正因为我对自己的弱点心知肚明，才会努力构筑人际关系的安全网。如前文所述，外国生活的压力多多，既然如此，那就尽快去找一些能够发牢骚、能够一起去玩的朋友，并且都要在当地寻获。

亲密的朋友们都知道我是个牢骚颇多、性格优柔寡断的人。当然，这些特质不会给工作上的伙伴看到就是了。年轻时，我既不想对他人发牢骚，也不愿听别人的牢骚，在被人安慰时，只会回复“你就别来安慰我了”。但随着年龄增长，想法也随之改变。

连抱怨都不能说的那种关系当然称不上是友情，哪怕对朋友毫无帮助，最起码也应该说点什么安慰一下对方。如今，自己也能够说出“虽然帮不上忙，至少我能听你发发牢骚，你尽管说出来吧”这种话来了。

## 人类是种易碎品

能够明白人类是种易碎品这件事，或许是年龄的效果。因为是易碎品，就该被当作易碎品去对待。而那也是在有过许许多多的破碎之后才会去做的事。

每当产生这种心情时，都会对“身为女人真好”这点深以为然，因为对女人而言，口吐软弱之辞既不算耻辱也不是伤害。以这种目光去看待同辈的男性，就会觉得他们好可怜。分明跟女性有着同等程度的压力，他们却禁止自己向外宣泄，日积月累下来，要么病倒要么自杀。

我是一个很明白男人弱项的宽大女性，所以有时会想，对于男人来说，我一定是某种便利的存在吧，像给我喝的、给我吃的一样，给我听很多的抱怨。有时我也不禁会想，自己到底是在做什么呢？**但没办法啊，男人就是这么软弱的一种生物**——本就是和女人同等软弱，却无法亲口承认这份软弱的、令人头疼的生物。

## 说得出泄气话的女人和说不出的男人

所谓年岁渐增，就是承认自己的软弱。那种坚毅、凛然、有骨气的老人家确实存在，但我完全不认为自己能够做到。我会因病痛而嘤嘤哭泣，若被宣告死期，想必也会惊慌失措。

我的父亲是一名医生，尽管对自己患上了无药可救的末期癌症之事心知肚明，却在弥留之际反复动摇，完全没做好赴死的准备。这才是普通的人类吧。在护理父亲的那段时间，我从好友、熟人那里听来了诸多护理方面的经验，但无论听取多少出色之人的出色死法，全都不具备参考价值，只能让人感受到“原来也有这种人啊”。并非所有人都能够毅然赴死。我一边承受着父亲的动摇，一边坚定内心——被临终之人如此玩弄，或许也是身为家人的职责。

我之所以对安乐死抱有疑问，是因为自己在健康的时日写下的带日期的拒绝续命意愿书，真到了那种场合不知会变成什么样子。人类很软弱，容易动摇，昨天的想法，到今天就会被推翻。将写有过去日期的个人意愿贯彻到底这种事，既不让人觉得可贵，也不让人觉得了不起。

难受、悲哀、苦痛、困扰……每到这种时刻，就该把“帮帮我”给说出来，并且还要用心平气和的方式。每次让我想到“身为女人真好”的，就是这些时刻。

某个人喊“救命”却无人前来救助，再也没有比这更值得悲哀的事了。为了避免这种时刻，人们需要为自己准备好“安全网”——也就是调动那些随时都愿听自己哭诉、有困难时出手相助的人，并且维护和这些人的关系。所谓朋友，就是为此而存在的。

# 第四章

# 关于金钱

# 一个人的老后

おひとりさまの老後

## 老后所需的仍是金钱？

在经营者团体、退休人士等老头子的聚会上，关于“高龄社会的走向”的话题增加了。

这帮人压根没怎么考虑过自己老后的生活。首先，虽说是高龄者，他们充其量只是前期高龄者（65~74岁为前期高龄者，75岁以上被称为后期高龄者），仍旧活蹦乱跳，几乎没想过自己会变成需要护理的老人。

万一不幸半身不遂或需要卧床，他们也都坚信，妻子会承担起看护的责任。甚至有人毫不掩饰地公开表示：**“所以才要娶一个身体健康的老婆。”**但那些“健康的老婆”也会病倒或先走一步，人生就是这样让人搞不明白。

### 女人是跟着钱走的？

当然，万一老婆先走一步，还有一种手段叫作“再婚”。与过去不同，现如今的男人虽说再婚不易，但IT界的百万富翁 Horiemon[1] 所说的“女人是跟着钱走的”这句话，在某种程度上是正确的。只要拥有地位和财产，寻获再婚对象的可能性就很高。

从前，我曾因取材所需与京都老年婚姻介绍团体的代表进行过对话，根据他的说法，能够顺利结合的老年婚姻，**无一例外全都是女性比男性年轻**。明显可以看出，老年男性是在指望将来的护理保障。

阻碍老年婚姻之路的，是身为“老人预备役”的子女一辈人。而只要对这些子女说“仔细想想，这样就有护理的人手了”，几乎所有人都能够接受。只要稍微分些财产出去，子女就能够从护理父亲的工作中得以解放，这还是很划算的。夫妻间护理的“常识”就是如此普及。待父亲过世，他的再婚妻子只要分得财产，就跟男方子女一拍两散——这种解读方法也是存在的。

然而，事情并不是总能这般顺利。我在以老爷子为对象的演讲中，总会尽可能地说明护理的现实已经发生变化，然而在这种会上，最后必定出现的质问肯定是“你是在试图威胁我们吗”。

[1] 指日本知名门户网站 Livedoor 前总经理堀江贵文（1972— ）。因其长相酷似哆啦 A 梦（Doraemon），而被昵称为“Horiemon”。

“听了今天的一番话，让人感觉最后靠得住的果然还是金钱。”

这就让我不由得想“我到底干吗要说那些话啊”，继而浑身脱力。至于脱力的原因，是由于老后固然会让人充满不安，但正是为了支撑这种不安，才有人（虽说多数都是女性）在地方建立了护理机制——我每次都会加上这句话。

真正想要的护理，是金钱买不来的。唯有“护理”这种商品，其价格和品质并不会产生联动——我本来是打算费尽唇舌地说上这样一嘴的。

## 金钱买不到无微不至的护理

为了能够让人在自宅中安心地老去直至最终死去，并且不花费太多金钱，才有护理保险和支援费制度的存在。有位独居的老爷爷接受了24小时的巡诊和护理，在家中亡故；有位老婆婆在小规模多功能的养老院，在有护工陪伴的床上迎来最终时刻。他们两个都是有家人的人。

前者那位老爷爷有两个远嫁的女儿。每天巡诊的护工是第一个察觉到他的变化的，在“差不多了”的时刻，护理站立刻联络其家人。两个女儿赶回来暂住，与父亲一起度过其生命的最后一周，并对其进行看护。据说家人对护理站此举充满感谢之情，但假若这个过程延长到一至三个月，说不定反而会招致怨恨。

而后者那位老婆婆，则是因为医院已用尽了一切手段而被劝说出院。而家人们却对此表现出了不安。面对其家人“拜托了医生，请让母亲住在医院直到最后”的请托，医生则表示可以寻找临终关怀医院，将老人转院过去；最终，家人在与日间护理中心的负责人商谈过后，直接询问老婆婆：“要不要去你一直去的那家日间护理中心?”老婆婆“嗯”地表示首肯。

在熟悉的空间面对熟悉的人们，接受着家人都做不到的无微不至的护理，老婆婆安详地迎来最后时刻。当然，护理人员也受到了老婆婆家人至深的感谢。虽说其本人及家人对他们信赖有加，但日间护理的事业范畴并非临终关怀，全是靠着工作时间之外献身般的服务精神为支撑，直到送走老婆婆。

而这一切之所以成为可能，全都因为那些以“为真正有需求之人提供帮助”为宗旨而创立的、NPO 系的服务机构的存在。即便入住费用昂贵的付费养老院，也无法保证能够得到同样的服务。金钱到底能够买到些什么? 这样想来，“金钱能够买到的东西”其实也是有限的。

# 一个人住，需要花费多少钱

## 每月 5 万日元的富裕生活

金钱不是万能的——话是这么说，但有钱总好过没钱。而拥有多少钱才算足够?

首先是生活费。一个人的老后生活需要花费多少钱，这也会受到从前生活方式的影响，花费有高有低，不能一概而论。社会保险、水电费、通信费皆不可欠债，因此无法想象没有现金的生活；但我认识这样一个人，在不欠以上费用的情况下，在寒冷地区过着每个月 5 万日元的生活。

此人居住在节能、省成本的被动式太阳能住宅（并非使用机械来吸收太阳能，而是在建筑层面上下功夫，提升太阳能利用效率）的单间房里，这是最让独居人士感到舒适的居住环境。他有家庭式菜园，因此从不缺乏新鲜蔬菜；储藏食品也全部自家制作，过着丰足的生活。生活的富裕与否，不是由花出去多少钱来决定的。

## 住进附带护理的住宅需要有多少钱

包三餐的带护理型住宅，每个月的花费在12万~15万日元，换言之，这个价格是为了让高龄单身人士能够在养老金范围内维持生活而设定的。只要不想要奢侈生活，这样就足够了。也有每月30万日元的最高水准住宅，和一般型的差异也就体现在房间的大小、设备的豪华程度和餐点的质量上。

付费养老院的先驱、“Saint Village新生苑”的负责人石原美智子就将其中的“差距”划分得很清楚。她在1993年准备了若干看上去像是酒店房间的私人房间，并以每月36万日元的入住费募集入住者。当时周围不乏“这么贵，有谁会来住?”的担忧言论，然而30间房很快就被填满。入住医院的单间病房，1个月的费用也大致如此，相比那边，这边还算便宜。职员也表示：

“不管是坐头等舱还是经济舱，飞机抵达目的地的时间都是一样的。无论房间豪不豪华，与生命相关的护理都不会有差别。”

在饮食方面，石原女士也有自己独到的看法。护工前往被护理者的家中帮其做家务时，做一顿饭需要支付一小时的派遣费用。与其如此浪费成本，不如利用节省成本的中央食堂式（集中在一处做饭、供给的系统），并提供送餐服务。想吃美味饭菜的人可以在“松、竹、梅”的级别中进行挑选。市场主义的逻辑就是给予选项，由使用者负担成本。即便在护理保险制度之下，将市场主义贯彻到底的石原护理哲学都值得倾听。

## 既然包三餐，就该饭来张口

对包三餐的高龄者住宅表示欢迎的，是那些长年以来从事主妇工作的人们。对于好不容易从“工作”中得以解放的女性而言，饭来张口、茶来伸手的生活简直就是王侯贵族过的日子。如果想要吃完全合自己口味的美食，偶尔动手做或出去吃即可。**一旦做饭从日常义务变成非日常的休闲项目，就能享受其中的乐趣。**

那些包三餐的高龄者住宅中，既有一日三餐全员一起吃的，也有早餐各顾各、午餐晚餐一起吃的，还有晚餐一周提供五顿、周末不供应，或者晚餐一周只提供两顿的，种类繁多。现在也能在便利店买便当吃顿“午饭”，餐点的选项也是多种多样。

在最基础的吃住得以解决之后，只需确保兴趣、社交等能让自己快乐的余裕，就能够生活下去。一个人的简朴生活，真的花费不了太多钱。

## 如何处理额外开支

### 吊唁金额和哀悼故人的心意是两码事

直接影响高龄者家计的现金支出，是亲属的婚丧嫁娶费用。庆祝儿孙入学、就职、结婚等，钱一把把地往外撒。会让“败犬”感觉吃亏的，正是这些时刻。就算为兄弟姐妹的儿子、女儿值得庆祝的事宜掏红包，自己也没有赚回来的机会。

每到这些关头，**只要下定决心不给对方好脸色看即可**。如果不打算依靠儿孙或外甥、外甥女来养老，就不必看对方的脸色。最关键的是，收到礼金的人早就把那么久之前的事给忘光了。

比起上述事宜，更会让高龄独居人士为现金支出而烦恼不已的，是好友、熟人的讣告和吊唁金。光是出席葬礼就要花交通费；吊唁金方面，亲人的话花费在 3 万 ~10 万日元，朋友则在1万~3万日元，只要读过婚丧嫁娶诀窍方面的相关书籍，就会让人备感囊中羞涩。一场葬礼还好，短时间内白事集中上演的话，甚至会给生活造成影响。也有些地方居民团体商定好，无论谁过世，每户都出5000日元，这样一来就不会出现谁比谁出得多的情况。

最近让人感到欣慰的讣告内容，是“葬礼已由近亲属隐秘举办”这句话。旁人无须付吊唁金、供花或发电报；至于熟人为故人举办的“追思会”，让想办的人自己去办即可。只要相互之间都有这样的习惯，就不必为礼节性的交流而烦恼了。偶尔也会收到“根据故人遗愿，所有吊唁金都将捐赠给福利机构”之类的通知，不禁让人产生“既然如此就早说啊”的想法。悼念故人的心意与吊唁金是两码事，是金钱所买不来的。

## 不必在意浮世人情

在京都有一家以提供山野草为主的花店。店主会避开葬礼刚结束这种鲜花满溢出来的时间段，在头七、七七告一段落之后，才将代表哀悼的花篮送到遗属手中。

并且，这事仅限于店主和遗属有交情的情况下。与其说这样做是为了故人，更像是为了自己，在心中向故人道一声

**“再见”，也给自己的心情画上一个句号。**

仔细想来，“葬礼”这件事与其说是为亡故之人，不如说是为仍然活着的人们而办的。想必大家都有过这种经验：相比有权势地位之人亡故，此人的父母、妻子亡故后的葬礼更为盛大。世人的“交情”意图所必须展现的对象是有权势者本人，若本人去世，对其遗属就没有这种义务了。

无论葬礼还是守夜，都是“浮世人情”的延长。而长命百岁的独居人士早就远离了社会地位和权力，也就没必要继续在意这种人情世故。

要点就在于，必须要懂得分辨“真正重要的人际关系”到底是什么。所谓长命百岁，就是从浮世人情之中徐徐抽身的过程。最后留下的，应该只有金钱所买不来的人际关系了吧。

## 养老金能领到多少

人们希望养老金至少能够涵盖基本生活费。若把带护理的住宅使用费的每月额度定在 12 万~15 万日元，以此作为生活费的基准的话，问题就变成，能够拿到这么多养老金的独居女性到底又有多少?

持续工作 40 年的标准工薪阶层能够领到的年度养老金的预测额度约为 23.3 万日元( 2007 年)。省略细分的制度安排不谈，作为全职主妇的妻子，在丈夫亡故之后，能够领取丈夫养老金的 3/4 作为遗属养老金。

另一方面，从 2007 年开始实施的离婚时的厚生养老金分割制度之中，能够推测“熟年离婚”高峰的到来。离婚时的金钱分割按婚姻年数而定，上限为丈夫厚生养老金部分的 1/2。顺带一提,很多人都有“一离婚就能拿到钱”的错觉，其实那也得等到能够领取养老金的年龄才行。

如此一来，做妻子的能够领取的额度，在与丈夫死别的情况下为每月12.5万日元，生离则为11.7万日元，两者没有太大区别。不知这种效果究竟会不会导致熟年离婚的增加。

## 没生孩子的女人就没有养老金？！

也有部分妻子没资格领取遗属养老金——即丈夫过世前一年的年收入（或妻子本人的年收入）超过850万日元时。而在丧夫之龄还能拥有这么高年收入的妻子，实际又有多少？

在持续工作的情况下，多数没有丈夫可倚赖的不婚单身女性应该掌握着自己的养老金权。2003年，前首相森喜朗[1]曾口吐“那些一个孩子都没生出来的女性讴歌自由，享受着生活老去，却还要用税金去照顾她们，这很不正常”这种暴言。

时至今日，仍有一些全职主妇喜欢对“败犬”类不婚女性说“我们辛辛苦苦养大的孩子，却要给你们养老……”，这简直是天大的误会。在缴税、缴纳养老保险方面，职业女性可是一直都没断过。而这笔钱正支撑着年长一辈人，主

[1]　森喜朗（1937—）：日本前任内阁总理大臣、日本自民党内森派领袖。2000年出任内阁总理大臣，却因屡屡失言及政策失误招致民众反对，任职仅1年便提前下台。

要是老爷子们的老后生活。

养老金的宗旨，原本就是自己缴纳的钱款，在将来由自己领取。正因如此才需要缴纳税款，这就是所谓的“积累方式”。而现在却变成了现役的一辈人给年长的一辈人“寄生活费”的“征收方式”，这完全是政府的无能造成的。

最近也有人开始考虑要将征收方式再度改回积累方式。因为唯有这样，才更符合世代之间的公平原则。那些没有缴纳保险金却能够领取养老金的人，只有“第 3 号被保险者”，换言之即那些全职主妇。对此感觉不公平的，反倒应该是职业女性才对。

## 对老爷子有益的养老金制度

唉哟，不行，在职业女性和全职主妇之间挑起矛盾根本就是日本政府的阴谋。大家千万不要中这种圈套。

日本的多数全职主妇其实是“伪全职主妇”，换言之，她们是在“年收入 103 万日元以下等于没收入”的约定俗成之下，被当作“全职主妇”的人群。婚后完全无职、无收入的已婚女性其实很少。也就是说，只要年薪不超过 103 万日元，雇主完全无须购买保险或保障，主妇完全是被当作廉价劳动力给买断了。

这也是因为日本的社会保障、养老金制度都是一味地对老爷子有利的“亲爹”制度的缘故。职业女性、全职主妇若有时间搞对立，倒不如一起冲着这种不合理的系统去发火。

## “老婆婆的财产”

高龄社会的趋势是“贫困的女性化”，换言之，没有养老金或拿着低养老金的女性在增加。

现如今年龄在八九十岁的女性之中，完全没有养老金或养老金偏低的人数众多。

国民养老金制度建立时，这部分人的年龄已经相当大了，有人加入时间很短，有人没缴纳过保险费，也有个体经营者只加入过国民保险金。在这些人之中，有人能够领到的额度只有每月2万日元。

即便如此，只要与家人同住，拥有“老婆婆的财产”还是很重要的。也有人表示，多亏有了养老金，才能够毫无顾忌地给孙子零花钱。与其为了看孙子的脸色而用钱，倒不如为了自己去花钱。

话虽如此，这也是很久以前的事了。以团块世代为中心的女性，首先婚姻率压倒性地居高，其次雇佣率也很高。因此，她们有很大的可能性有自己的养老金，要么就能得到丈夫的养老金。

## 男人必须承担起生活费用?

从老年婚姻介绍团体的代表口中得知，女性必定会询问男性的养老金数额。

“你不是也有自己的养老金吗?把两个人的养老金凑在一起不就好了?”话是这样说，“男人必须承担起生活费用”的性别规范，似乎已在女性身上根深蒂固。

好不容易才上了岁数，是时候把男女的性别给甩脱了。只要每个人都能够领取到某种养老金,即便独自生活很困难，两个人的钱凑在一起也能够过上宽裕的生活。不是有句老话说“养一张嘴很难，但两张嘴就养得了”吗?

让“单身寄生族”这个词走红的山田昌弘提出，让那些不想结婚的年轻人结婚的方法，是把他们赶出父母家，断他们的粮，让他们挨饿。这样一来，贫困的年轻同辈人或许会在“两个人比一个人好过”的想法驱使下开始同居，一旦同居就会发生关系，一旦发生关系就会生孩子……至于进展能不能如此顺利就不得而知了。

“两个人比一个人好过”的情况，不仅限于年轻人。高龄女性也会选择共同生活。从前就有没孩子的老姐妹一起生活的例子。她们和独居人士相同，对“不依靠孩子的老后”做好了心理准备。老年人住宅、集合住宅和集体生活等，想必都是其考虑的范围。

好了，这样大家就能够大致明白，独居生活能花费的，大约就是养老金外加能让自己宽裕的其他收入。这里所说的“宽裕”为每月数万日元，算不上什么太大的金额。话虽如此，高龄女性没有工作，从前或许还有孩子给的生活费，但也不能依赖孩子。

多数独居人士身怀能够教授他人的一两项特长。做茶道或插花老师，每周在公民馆的俳句教室担任讲师，为附近的小孩辅导功课，即便只在周末授课，每月也能有数万日元的进账。假如身体情况不错，每周还能花数小时去照顾比自己更年长的高龄者，或者去做配餐服务的有偿志愿者等，不问年龄的社区工作还是多种多样的。

## 银发创业让“死钱”转活

高龄人士也可以开创自己的事业。受雇于他人，就要受到性别和年龄方面的差别对待。而自主创业、成为个人事业主，就不必再看他人的脸色。

经济学者岛田晴雄十分推崇老年创业。他表示，日本高龄者的储蓄率以在全球遥遥领先而广为人知，但与其将钱存在银行变为“死钱”，不如拿去投资事业使其变为“活钱”，这样对日本经济也有好处。当然没必要如同“武士的商法”那般冒大风险，只要经济没有崩坏，应该也有不少人有本事从小生意中每月赚到5万到10万日元吧。

长年从事消费合作社活动的厚子女士，在成立了NPO后过着忙碌的生活。此前的活动都是无偿劳动，而NPO在成立后，为当地的人们创造了共享空间，开设了租赁画廊的生意，风评良好，想要使用需提前1年预约，成为有收益的事业。最近，厚子女士还开始努力学习开设网上旧书店的经验。因无须实体店铺，也就花费不了多少投资，风险也相对较小。不赚钱也无所谓，但至少要保证不亏本。

当我考虑要不要也做些什么的时候，就收到了来自周围的一大堆攻击——退休的前社会学者能搞出什么名堂？倒还没想这么远啦（笑）。

# 即便老后，也要有现金流

## 70 岁的应聘者

日本高龄者的问题不仅限于女性，男性单凭养老金也无法生活。因此，养老金加上虽说微不足道却每月必有的现金流——即有收入进账——是必不可少的。与其他国家相比，日本高龄者的就业意愿很高，他们并非全都出于“我喜欢工作”这条理由，而是不工作的话，单凭养老金吃不饱。不过，如果你的养老金足够支撑家计，也就无须努力工作赚钱。

数年前，上野研究室曾经招募秘书。在“Hello Work”[1]上提交招聘信息时，为避免年龄歧视而没写年龄限制。据说，劳动市场几乎没有为 45 岁以上的人群提供的职业空位。研究室计划招聘 1 个人，会有 100 人前来应征。其中 7 人为男性，

[1] Hello Work：公共职业安定所，是日本政府设立的公共机构，为人免费介绍工作。

4 人是法定退休人士。

居住在横滨的某 70 来岁的男性原本是工程师。对方擅长电脑，感觉人品也很不错，因此我与对方进行了面谈。在说到“需要远距离通勤”时，对方回复道：“我有养老金，所以工资给少点也无所谓。只要有个每天上下班的地方，就能过上规律的生活。”“上野研究室的工作不是为你的健康管理而存在的”这句话本已冲到了嘴边，却在对方递上自己过去的业绩档案时又咽了回去。总感觉这种依赖“过去的荣光”的人，以男性居多。最终我只能以“从您的履历来看，恐怕不适合这份工作……”这种慎重的方式加以回绝。

## 自由职业者即“提前的养老金生活者”

假使存在大量这种应聘者，对于雇主来说，“银发人才储备银行”或许是块美味的市场大蛋糕。雇主能够从中以低价聘得有资质、有经验的人才。仔细想来，之所以雇用一个已婚女性做兼职工作，也是因为她靠着丈夫的金钱支撑，早已成为“养老金生活者”的缘故。将年轻人搁置在自由职业者的状态也是同样理由，因为他们也是仰赖父母财产的“养老金生活者”。

人口学性质的自由职业者、成为NEET[1]现象中心的那代人即“团块次代”[2],而将这代人称作“提前的养老金生活者”的，是持续追踪团块次代市场的营销人员辻中俊树。诚然，团块次代世代的自由职业者或许是日本经济长期螺旋式通货紧缩的受害者，但这也解释了他们本人为何没有危机感或紧迫感。

事实上，辻中从市场数据中明显看出，这代人的行动与“养老金生活者”非常相近。据他观察,这些人没有储蓄志向,满足于现金流（总之有必要的收入进账）；比起将来更优先考虑现在的利益；相比性爱，在异性关系层面更优先考虑茶友关系。换言之，团块次代的情侣从一开始就是“老两口”般的关系。

面对如此恶劣的劳动条件，这代人之所以没像法国的年轻人那般奋起暴动，全都是因为家庭充当起了“养老金保障”的角色。最近的一些经济学家似乎提出了“日本的经济正依赖着名为‘家庭’这个黑匣子”的主张，要我说的话，这根本就是“怎么才发现”的过气主张。

---

[1] NEET：“Not in Employment, Education or Training”的简写，即“不升学、不就业、不进修或参加就业辅导”的社会群体。

[2] 团块次代：二战后日本婴儿潮时期诞生的孩子，出生于1970年代前半期。

## 将储蓄现金流化

而与上述情况刚好相反的是，独居人士在老后或许有存款，却不会将其现金流化。光靠养老金是吃不饱的，既然如此，也有一套办法。只要将储蓄现金流化，问题就能得到解决。

前文曾写道，独居人士的不动产自有率居高。当然，自己居住的房子没法变卖或出租，无法当作资产运用。话虽如此，独居人士也有将三居室的自有房产租赁出去，自己搬入附带护理的单间的方式，而其间的差额也能转换为收入。

### 以自有房产作为抵押的借钱方式

也有一种以自有房产作抵押而借款，自己仍然居住其中的方式，被称作“反向抵押”。日本最初引进该方式的地区是武藏野市，因此该方式也被称作“武藏野方式”。据当地所言，该市自 1981 年开始实施这种方式，二十余年的累计使用者约为一百人，没什么人气可言。其中有两个理由。

第一个理由是子女反对。在子女的意识中，父母的房子即自己的房子，这可是他们“提前的养老金生活”的基础。然而，若当真明确到“自己的房子就是自己的”，**不给子孙留下半亩良田**的话，是无法安享“一个人的老后”的。就这点而言,身为“败犬”的单身人士因为没有碍事的子女或亲属，反倒十分幸运。

在相当长的一段时间里，我都居住在高龄化率在全日本来看都属居高的京都。住在名叫中京区的町中央的那会儿，每到午餐时间，就会有烤干货的味道从带有豪华玄关、形如鳗鱼寝床[1]的老房子中飘出。市区内有很多米店和豆腐店，鱼店的店头摆放着诸多干鱼，比鲜鱼占据着更多位置。这里的老年人住在号称每坪价值百万日元的高价土地之上，却过着恨不得拿手指当蜡烛[2]的日子。因此，我提出了参照武藏野的“京都方式”，京都市政府的官员们则表示“这种方式与本地不符”。对于祖祖辈辈继承着土地的京都人而言，由自己这一辈舍弃土地是一种愧对祖先的行为。

[1] 鳗鱼寝床：原文“うなぎの寝床”，意为“又长又窄的房屋”。

[2] 拿手指当蜡烛：原文“爪に火をともす”，形容过分节俭。

## 名为“祖祖辈辈的土地”的谎言

事实当真如此吗?日本人对于土地的执着不过是某种神话。关于京町家[1]的研究表明,即便在町众[2]诸多的山鉾町，也有很多是两三代之前才流入该地的外来人口。那些所谓“从祖先手中继承而来的田地”,在幕末[3]之后也频繁地经历买卖。即便是明治时代[4]之后的大地主，充其量不过是从幕末到明治靠几代人收购田地的新兴势力罢了。而对于大多数的佃农来说，通过占领军的农地改革而获得自己的土地不过是半个世纪前的事。拓荒农民家族最多朝上追溯三代。“祖祖辈辈的……”这种开场白，都是后来人的牵强附会。

某位朋友的父母是在农地改革中失去多数田地的前地主，而仅剩的几块田地，也为了供五个孩子读大学而一块接一块地出卖，最后硕果仅存的田地仅能种出够自家嚼用的大米。孩子的教育远比从祖先手中继承的土地来得重要。这样来看，田地用在自己的老后生活也没人会有意见的吧。

[1] 京町家：京都传统民居。

[2] 町众：都市工商业者。他们结成自治性共同体，成为都市居民的代表阶层。

[3] 幕末：日本德川幕府统治的末期，即 1853 年“黑船事件”至 1869 年戊辰战争结束的时期。

[4] 明治时代：1868 年至 1912 年，日本明治天皇在位时期。

## 自己创造的东西自己用完

团块世代之中，以从各自家族移居大都市圈的次子、三子及其妻子所筑起的核家族[1]居多。正因没能从自己的父母一辈手中继承任何东西[2]，所以自己这一代所创造的东西，就该由自己这一代随意享用直至用完。对此，团块次代的期待或许会落空，但请把创造财富想成是自己的责任吧。

对被称作“提前的养老金生活者”的他们而言，当父母的房产和金钱这根“养老金”支柱倒塌的时候，到底能引发怎样的恐慌？有人曾预测，团块次代会变成日本社会的“不良债权”。希望在他们这一辈迈入老年之前，日本能够建立起一套不需要依靠个人储蓄也能够维持生活的社会保障体系吧。

在形成自己积蓄的过程中，团块世代没有得到父母一辈的任何援助。在他们的上一辈人看来，前往城市，就意味着要打工并给父母寄生活费。这被称作世代之间的“负赠与”。团块世代在没能得到父母给予的“正赠与”的同时，也不必承担“负赠与”，换言之，他们只需全心为自己考虑，从

[1] 核家族：指由父母和未婚子女构成的小家庭。

[2] 直到1947年以前，传统日本家族一直实行“长男继承制”，家中一切皆由长男继承，其后所生男丁基本都会另立门户。直到今日，日本部分家族仍保留长子/长女继承家业的习俗。

某种意义来说真是幸运的一代。而团块世代的人们做父母，则始终对自己的孩子给予宽大的赠与，让他们永远啃老。或许他们内心曾希望自己的父母能够对自己有所赠与，因此将这种期望补偿到了孩子身上，却没能意识到，这种做法反倒成了孩子辈自立的障碍。

不要再给孩子任何的“正赠与”或“负赠与”。让孩子自立才是重中之重。事实上，**团块世代的父母亲应该是没有余力持续慷慨地赠与后代的**。正因为不能依靠孩子，所以父母也需要自立。

## 新城很快也会变成老城

回到原话题。反向抵押不成功的第二个理由更加骇人。泡沫经济破灭后，日本二战后的“土地神话”也随之崩塌。无论发生任何事，唯有土地的价格会持续上涨——日本人这一对于土地根深蒂固的信仰被破坏了。

从前即便没有自己的资金，只要拥有土地，就可以通过重建老朽化公寓的方式而不断实现住宅升级。似乎是有意促进这一现象，都市的建设热潮不断持续，出于政治方面的考量，占地内的建筑物容积率不断上升。然而随着地价崩坏，重建计划受挫，随即又遭受了阪神、淡路大地震的打击，集合住宅轻而易举地被全毁或半毁，很多人也都意识到，想要筹措重建的资金和达成这方面的共识有多困难。

虽说团块世代的房屋持有率居高，其中多数却是区分所有权的集合住宅。在税法中，公寓等钢筋混凝土结构住宅的耐用年数为 47 年。日本的住宅在建造时，完全没考虑过超过这个耐用年限。在 30 来岁入住集合住宅，又经历 40 余年之后，不仅居住者进入高龄化，就连建筑物也变得老朽化。尤其是以低租金、低成本为目的而大量建造的公团住宅[1]，其老朽化程度尤为严重。

二十世纪七八十年代建造的新城，很快也变成了旧城，唯有高龄者残留，孩子们不会再回来。家中漏水、漏风，十分有必要修补，却没有这笔资金。居民就像掉牙一样越来越少，集合住宅也在加速荒废。这并非事不关己，而是我家附近的事——相信有很多人会有此想法。

## 不具备抵押能力的日本住宅

在日本，即便是独栋住宅，也不可能建成可供世代居住的房子。直到最近，“百年住宅”的说法终于登场，然而在超高龄化的社会，100 年才一代人。日本的住宅原本就是

[1] 公团住宅：日本政府出资建设的具有保障福利性质的住宅。

按照具有数十年寿命的耐用消费品的标准而建造的，因此结构和设备都只能说是凑合。

在欧美有一种改造业务，能够对古旧宅邸进行改造，在内部安装最新设备，使房子能够传承居住几代人。

**全世界最具知名度日本女性**——约翰·列侬[1]之妻小野洋子[2]——据说是依靠钱多到叫苦不迭的丈夫的经济能力而活的极端艺术家，而事实并非如此。据闻，她曾在纽约近郊购入一处宏伟的旧房子，改造后使其资产价值攀升，又在不动产市场将其售出，使得原本就超有钱的列侬的资产又得以扩增数倍。原来如此。能把这种存量收益（Stock Gain，即通过将身为“死钱”的保有资产的价值提高而赚取的利益）转化成生意，不愧是旧华族[3]出身的小野洋子会有的意识。汗流浃背地赚取时薪算不上劳动。日本又有多少房子能够经受得住改造，并被重新投入不动产市场呢?

这段说明有点长，而正因为几乎所有的自有房产都不具备抵押的能力，这也正是反向抵押无法顺利推进的可怕理由之一。尤其是集合型住宅，其劣化实在太快了。只要不具

[1] 约翰·列侬（John Lennon，1940—1980）：英国男歌手、音乐家、诗人、社会活动家，摇滚乐队“披头士”成员。

[2] 小野洋子（1933—）：日裔美籍音乐家、先锋艺术家。

[3] “华族”是日本明治维新至二战结束之间存在的贵族阶层，于 1947 年 5 月 3 日随日本国宪法生效而被正式废除。被降为平民的华族被统称为“旧华族”。

备十分安定的不动产，都市居民最好是做好反向抵押几乎无法被利用的心理准备。

## 准备好个人养老金

我们继续养老金的话题。

公共养老金由基础养老金和报酬比例两部分组成，分为两个层次。而造成差异的，则是报酬比例部分。这部分与持续缴纳国民养老金的自营业者无关。政府表示，应该确保报酬部分的养老金额度有在职期间收入的 1/2，在月工资接近 70 万日元或 100 万日元的情况下，年养老金额度则在每个月 35 万至 50 万日元。拥有自有房产的老夫妻是否有必要拿这么多?

在职期间，薪水根据工种不同而有所差异也无所谓。然而，无论之前过着什么样的生活，**老后的所有人不都应该以相似的水准而生活吗**?——以上思考模式，社会政策专家大泽真理[1] 将其称为“老后社会主义”(《现代日本的生活保

[1] 大泽真理：东京大学名誉教授。

障体系》)。步入老年之后，收入差异也应该相对地缩小，这种思考模式很不错。

公共养老金不够充足的部分,只要增加个人养老金即可。个人养老金分为多个种类。这也是将金融资产存量现金流化的一种方法。在自己上过寿险且拥有巨额金融资产的情况下，亲属或许会期盼某人早死；但养老金只在某人活着的时期内发放，这或许也会产生让亲属祈祷领取者长命百岁的效用。

## 养老金月额度 100 万日元!

前精英人士洋子女士是离婚单身者。她在孩子年幼时离婚，一边工作一边将两个孩子养育长大。在养育孩子的过程中，她想到万一自己发生什么意外，孩子们就要流落街头，遂给自己买了高额寿险。

在自己年过七旬、从养育孩子的工作中毕业的现如今，考虑到已长大成人的子女不再需要保险金，洋子女士便下定决心解约，要为了自己而使用这笔钱。由于解约金额相当可观，洋子女士在和金融机构商量后，设定了个人养老金。

现在，洋子女士能够领取的个人养老金月额度为 100 万日元。她的爱好是收藏绘本，并在画廊雇了一个帮手，即便把兴趣的维持费和人工费包含在内，再加上旅行、与朋友们相聚、参加各种志愿者活动的花费，她的养老金额度都足够支撑她。

养老金月额度100万日元！这里仿佛听到了人们倒抽一口气的声音。然而，这也是基于“不把财产留给孩子”的想法才有的生活。据说，她还没把这个想法告知孩子们。如果孩子们知道了，会不会反倒更加珍惜母亲？只要母亲活着，她每个月都能得到100万日元呢！

## 拿养老金当饭吃的坏家伙们

某个人活着的时间段里，其个人所产生的金钱即养老金；然而世间有一种中老年寄生族，他们靠着父母的养老金而活。青年寄生族长期化的结果，就是变成中年寄生族。社会学家春日清代[1]正在进行高龄者被虐待方面的研究，他谈论了这样一个案例：某个失业并靠老母亲的养老金吃饭的50来岁的男性，对老母亲拳打脚踢地加以虐待。

“哎呀，既然是靠母亲的养老金在活命，当然会希望母亲长命百岁，多活一天是一天，不是应该好好爱护她吗？”面对如此提问的我，春日女士皱起眉头表示：“话是这样说

[1]　春日清代（1943—）：日本社会学家。本名春日**キスヨ**，“清代”为音译。

没错。然而，还是会发生虐待行为。”施虐者似乎不会采取合乎情理的行动方式。

当我得知镇上还有以养老金权为担保贷款的金融业务时，不由为其狡诈而震惊。据说，这些人会以领取养老金的老爷爷、老婆婆的养老金手册[1]为担保，出借小额度的钱款给对方，在养老金支付日，他们和老爷爷、老婆婆一起前往邮局取钱。坏蛋们不管走到哪都会动坏脑筋。完全不应该采取那种冷血的方式。让对方长命百岁，在长久的时间里持续领取小额利息，这样才能共存共荣。

## 活得越久越有收益的究极养老金

越是长寿，就越能得利的养老金，就是所谓的**“唐提式养老金”**，由意大利人罗伦佐·唐提（Lorenzo Tonti）所设想出来，并以他的姓氏命名。

这是一群由年龄相仿（例如同为70出头的老年人）的人们共同出资，形成集团性的协会，并从中分配红利。假设聚集100名70岁以上的老人，每人出资100万日元，就有合计1亿日元的原始资金。随着入会成员的过世，红利的分配

[1] 养老金手册：日本居民加入国民养老金和厚生养老金时拿到的交付文件，其上记载着基础养老金的个人编号、养老金类别和加入、退出记录等。

率就会越来越高，越长寿也就越有利。**活到最后的人，就能够独占分配金。**这就是“唐提式养老金”的模式。

将这种方式引入日本的金融人士的口号是：“加入唐提式养老金，长命百岁！”这已是20世纪80年代的事了，然而唐提式养老金在日本依旧普及不开，这又是为什么？真是因为这种养老模式会助长“希望他人早死”的风气吗？有了唐提式养老金，庆祝他人长寿就成了一种痛苦。真有人会这样吗？日本本就有“缔结”之类的传统，所以我甚至在想，要不要跟朋友们一起组织一个“唐提式协会”。

**长寿并非不幸，而是想要创造幸福的世界。**

## 财产是身外之物，生不带来死不带去

前文写过，日本高龄者的储蓄率在全世界范围内都居高。多数老年人认为政府不可靠，光靠养老金也不稳定，所以必须自己为自己的晚年做好准备。金融保险业者会把高龄者的金融资产往有利的地方投资并加以运用。日本的利率处于世界最低一档，且几乎一直处于零利率时代，即便在国内进行投资，也无法对收益有所期待。

因此，日本人的金融资产多数流向外国。全球化时代的金钱流转，不是国境能够阻挡的。这些外资有时也会逆流而上，成为对日本而言的“秃鹫基金”[1]。日本高龄者的金融资产也就成了搞垮日本经济的先头兵。

若是希望高龄者能够不用依赖存款，安心地靠现金流生活，那么养老金越丰厚越好。这样一来，至少应该能够防范那些觊觎老年人金融资产或保险金的亲属做出让老年人尽早死去的举动。

当美国将高龄者的养老金发放制度化之后，欢迎老龄者与自己同住的亲属也随之而增加。换言之，这些高龄者是带着“嫁妆”入住的。并且和资产不同，养老金属于个人的财产，谁也不能横刀抢夺。

而那些没有子女继承遗产，又无法把财产带往另一个世界的独居人士，应该会毫不犹豫地把存款转化为现金流。他们会想在有生之年拿那些“活钱”来进行花销。

[1] 秃鹫基金（Vulture Hedge Fund）：通过收购违约债券、恶意诉讼，谋求高额利润的基金。

# 第五章

# 接受怎样的护理

# 一 个 人 的
# 老 后

おひとりさまの老後

## 接受“被护理”的勇气

“心怀勇气，接受‘被护理’的事实。”

病史漫长的柳泽桂子可谓被护理方面的专家。以上正是她的发言。

没错，正是“变得无法独自生活的时刻”，加剧了人们对老后的恐惧。而正如柳泽女士所言，接受被他人护理所需要的是“勇气”。

对独居人士的威胁之一，即“上了年纪之后会很寂寞哦”，这点根本就是多管闲事。即便过了这一关，仍有另一层威胁等待着这些人，即“谁来照顾你”。更有甚者，高龄者的状况还被报道成卧床不起或有认知障碍，不靠他人照顾就无法生存。那些没有“家人护理”选项的独居人士进入需要被护理的状态时到底会怎样，想来就让人不寒而栗。

关于这点，养育孩子的母亲能够十分强势地表示：“过去一直是我帮你换尿布，现在轮到你帮我换了。”这种情况发生在夫妻之间又如何？假若是异性之间的排泄护理，据说若非性爱对象的话就做不到。当然，护理人员等与工作相关的人士另当别论；即便双方是夫妻，假如长时间没有性生活，就连触碰对方都倍感厌恶的话，是绝对不愿意触碰对方的下半身的。“我可不想照管你的下半身”，男人们最好考虑一下被妻子这样说的可能性。

无论婚否，也无关性别，在超高龄社会之中，独自生活的老后正等着大家。即便有孩子，孩子也迈入高龄，搞不好还要反过来让父母给孩子送终。独居人士的护理，也只能够借他人之手完成。

正因如此，当护理保险制度在2000年成立之时，我禁不住地想：**“这是专为我而设定的！”**正确来说，护理保险并非单单为了我，而是为了或早或晚都会变成“孤单一人”的每一个人，为了让每一个人都过上不必倚赖家人的老后生活。在现实中，虽说现阶段的护理保险制度有着这样那样的局限性，但这仍是在把“不倚赖家人的老后生活”的护理方式全面社会化的道路上迈出的一大步。

## PPK主义是法西斯主义

关于护理方面的书籍很多，涉及“被护理”的书却很少。

以“高龄社会”为题进行论述的作者颇多，而多数作者却有把护理当作与己无关之事进行一般论述的倾向。至于这种事发生在自己身上的可能性，我只能认为他们是在刻意回避这点。不仅如此，他们的标准做法甚至是告诉他人如何避免被护理的状态，以及如何避免这种状态的发生。

PPK[1]（无病无灾，两腿一蹬）思想就是其中的代表之一。

展开解释即“直到临终前一日都无病无灾，某天突然两腿一蹬是老年人的理想死法”。始于长野县的 PPK 运动在全国普及，据说某些地方的老年协会还会让全体成员一起做 PPK 体操。光是听闻就让人脊背发凉。这是什么法西斯主义啊……

这让我回想起从前，某县的妇女联盟每次都会在集会上一起呼喊“不生残障儿，生个健康的孩子”。这绝非二战时期“生产吧，繁殖吧”的训话，不过是数十年前的事罢了。这种碰到会变成社会轻微负担的东西或规格异常的异物，就毫不留情地加以排除的“人类品质管理”思想，不是法西斯主义又是什么。从那之后，我一有机会就会大声呼吁扑灭 PPK，但 PPK 主义者似乎并没有消失。

[1] 原文ピン・ピン・コロリ，日文读音“Pin Pin Korori”，简称 PPK。

## “成功老龄化”的含义

与 PPK 思想相近的，是起源于美国的“Successful Aging”。高龄社会之星、95 岁的日野原重明[1]将其直译为“成功老龄化”[2]并加以介绍。仔细想来，年逾九旬仍活跃在医疗第一线，日野原医生的老后姿态堪称高龄者的成功模板。

老年学家秋山弘子[3]为“成功老龄化”下了一个令人振奋的定义。所谓“成功老龄化”，即“把中年时期一直延长到临终之前的那一刻”。没错，这样一来就说得通了。换言之，**成功老龄化绝非“不愿接受衰老”“好想回避衰老”这种抗衰老形式的思想。**

关于衰老这件事，既然有成功的一面，是不是也会有失败的一面？如同“胜犬”“败犬”那般，直至死前都要为“胜利老去”“失败老去”这种事而纠缠不休，简直无聊透顶。

话说回来，似乎死法中也有“正确的死法”。生死也要分出个“胜利”“正确”不可？这不是本人满足即可的问题吗？

---

[1] 日野原重明（1911—2017）：曾出任国际内科学会会长，日本国宝级医生，也是作家、演讲家，全世界执业时间最久的医生之一。2017 年 7 月 18 日因呼吸衰竭逝世，享年 105 岁。

[2] 原文为“成功加龄”，此处为中文惯用译法。

[3] 秋山弘子：东京大学高龄社会综合研究机构特聘教授。

随着这种想法，“满足死”的概念应运而生。死亡方法好像也有了“Satisfaction Guarantee”（满意保证），就跟商品一样。

纪实作家奥野修司[1]出版了一部名叫《满足死》的作品。根据奥野的说法，“满足死”即本人、家人、医疗关联者三方都得到满足的死法。死的人是自己，只要自己得到满足不就足够了吗——这种定义让人不禁想要破口大骂。但不管怎么说，在死亡这件事上，还是得让家人和医生也能够得到“满足”才行。

在拜读过奥野老师的作品之后，感觉满足死事实上也是一种满足的生活方式。想要达成这点，条件就在于转变想法，将“把病房变成自己家”转变为“把自己家变成病房”。这方面则是基于高知县医生疋田善平“让老人居家，让全村医院化成为可能”的实践而得出的。这位医生很能理解高龄者们“想回自己家”“还是住在自己家里最好”的愿望。

最近流传着诸如“尊严死”“安乐死”之类的奇怪标语，因此人们对“满足死”也产生了过度反应。

所谓“尊严死”，就是让某个人不要再活下去而产生的“尊严杀”。一语道破真相的，是身为渐冻症患者、戴着人工

[1] 奥野修司（1948—）：立命馆大学经济学部毕业，1978年前往南美洲从事日本移民调查，回国后开始写作生涯，以长期调查为作品特色。代表作有《扭曲的羁绊——抱错婴儿事件的十七年》《冲绳走私女王：夏子》等。

呼吸器维持生命的桥本操。在思考如何让老年人活得更好的问题上，与其思考“满足死”，不如考虑如何“满足地活着”。

## 哪怕祈祷在某个清晨暴卒，事情也没那么容易

因此，在读过论述高龄化的书之后，感觉与其说是“受教了”或“能够接受”（当然，这也是有的），多数情况下不如说是心情郁闷。虽说这就是这类书籍的执笔动机，但放眼看看现实，无论如何祈祷自己能够 PPK，事情也远没有那么容易。人类的生死没有“按照预定”一说，大家必须直接面对这一严峻事实。

在看护父母的过程中，我深切地感受到，人类这种大型动物的死亡是缓慢的。如同小鸟、仓鼠之类的小型动物那般，在某个清晨突然就凉透了的情况极少。人们会变得腰腿无法直立、无法翻身、食不下咽、开始罹患吞咽障碍，随即发生呼吸障碍导致死亡。人类的死亡会缓慢地遵循这个过程，因此卧床不起在所难免。

相关数据显示，高龄者在迎来死亡之前，以卧床不起的状态度过的平均时长为 8.5 个月。当然，因为只是“平均”，其中既有 PPK 之人在某个清晨暴卒，也有十数载卧床不起之人。日本现阶段的医疗、卫生、营养、护理水准所能到达

的“平均”就是如此。

卧床不起也能够长寿，正因为得到了无微不至的护理。如果不想要护理，只需前去卫生和医疗水准皆落后的社会，应该很快就能死去。**哪怕重病、哪怕卧床不起，也能在这种状态之下持续生存，这才是文明的恩惠。**而享受这份恩惠的，正是长寿社会中的高龄者。既然出生在一个护理程度极高的社会之中，为何还要不高兴，甚至要诅咒呢？

## 鹤见和子在倒下后的工作

在父亲鹤见祐辅因脑梗死而半身不遂之后，鹤见和子[1]开始了长达 14 年的护理生涯。当时她经常挂在嘴边的话是：“只要有无微不至的护理，老年人可是能活很久的。如果我也卧床不起了，谁都不要管，很快我就会死的。”她本人在脑梗死引发的半身不遂状态之下，继续存活了十年。我想这应该是她入住了京都的付费护理设施，并接受了员工、亲人无微不至的护理的缘故。她于 2006 年亡故，正是护理保险制度被修改、面向高龄者的康复训练在一定期限内被停止的“改恶”之年。同样因脑梗死而苦的免疫学者多田富雄[2]写

[1]　鹤见和子（1918—2006）：上智大学名誉教授。专业为比较社会学。

[2]　多田富雄（1934—2010）：东京大学名誉教授。专业为免疫学。原国际免疫学会联合会长。

下告发文章，痛斥杀死鹤见和子女士的是“护理保险制度的修改”。

因脑梗死而倒下后的十年。若众人得知鹤见女士在倒下之后的工作情况，“还能拥有十年时间真是太好了”的想法肯定会很强烈。她本人应该也抱有相同的想法。正如“纪元前”“纪元后”的区分那般，鹤见和子的工作同样按照“病倒前”“病倒后”来划分。在病倒后的晚年工作中，鹤见女士大受欢迎。从她口中说出的“成了残障人士”这句话颇有深意。她在倒下之后所创作的短歌之中有如下作品：

为感受性之 / 缺乏且不充裕而 / 悲伤又感叹 / 因病而倒下之前 / 吾之身体吾之心

——《歌集　回生》

所谓学者的工作，只是将自己的一部分能力加以灵活运用；而病倒之后，她充分调动学问、歌曲、舞蹈、和服等迄今为止所累积的人格要素，创造出一部名为“鹤见和子”的全人格作品。正因如此，鹤见的粉丝也在专业社会学领域外的读者之中有所增加。也正因如此，在鹤见女士病倒之后，能够接受护理并延长寿命真是太好了。

在这方面，多田富雄也是同样的。他的脑梗死后遗症是无法发声并伴随吞咽障碍，整体情况比鹤见女士更为严重。但即便无法在众人面前发声，也不妨碍他在电脑前写作。当看到多田先生以“被护理人”的身份果敢地向康复医疗持续发言的模样，从前只知晓其免疫学者身份的人们不禁有了和之前截然不同的感受——希望多田先生能够在接受精心护理的同时活下去，他本人也因成了被护理人，才有了全新的使命感。

随着护理保险制度第六年的“修改”而登场的护理预防事业，同样也抱持着 PPK 的思想。集中在护理预防中心进行的肌肉训练从一开始便恶评连连，结果不尽如人意。而这也是理所当然的。总而言之，他们的想法是“没有护理的状态才是‘自立’，保险被使用得越少越好”。就连日本政府都抱有这种思考模式，那又怎么可能培育出“如何照顾老人”的思想呢?

没错，“被照顾”也需要思想和技巧。正如柳泽女士所言，“勇气”是必不可缺的。光有勇气也不够，假如再加上智慧，就应该能够得到更好的护理。我认为，这一点也有认真思考的必要性。

## 被护理的一方也有其技巧

很久之前就出现了关于“待客之道”的书籍，却没有关于“身为客人被对待的技巧”的书籍，这点颇让人感觉不可思议。

同样的，“护理之法”的相关技巧到处都是，而教授“被护理之法”的人却一个都没有，着实奇怪。

护理保险制度诞生之初，付费交换的护理服务对所有人而言都是初体验，护理人员和被护理人员都是初学者。而在其后，护理人员不断积累技巧，被护理人员呢，是否已经足够成熟?

我认为，身为被护理的当事人，今后的高龄者肩负积累“被护理一方”的经验和智慧的使命。然而，被护理一方的发言却很少被听到。日本为数众多的被护理者之中，应该也有不少能说会道，或者能够执笔的人，但这些人却没有做出“被护理的经验是这个样子的”“这样做才能够接受更好的护理”的发言，这又是为什么？

为此，我满心期待着自己能够成为被护理的当事人（肯定会是个很烦人的被护理者吧），但恐怕等不了那么久，倒不如向那些已经接受护理的前辈们多多打听。

## 被人照顾，如坐针毡

为何“被护理一方”的发言如此之少？关于这个疑问，有着好几种答案。

首先，“被护理”一事本身就带有否定式的感情。不仅制度和法律会有此想法，被护理者本身也认为“可能的话，真不想接受护理”。而对于自己抱持消极情绪一事，多数人采取否认的态度，换言之，即便有这种情绪也佯装没有，或者尽可能地不去触及。

身为女人，这种感情就会更加强烈。因为女性原本的工作就是照顾他人，因此无法接受自己处在被照顾的位置。若说有什么痛苦的，那就是相比他人的责备，自责来得更加痛苦。

病倒之后变成了受家人照顾之人的柳泽桂子女士曾写过这样一段话：

我受到了来自母亲的严厉教育，必须做个好媳妇。

敬重丈夫，必须比丈夫低调，不得出风头，

让丈夫做家务更是荒唐无比。

而当我自己病倒，无法随心所欲之时，

母亲“身为媳妇”的教诲就变成了诅咒。

我被这种诅咒束缚，挣脱无门。

眼看丈夫做着家务，

使我如坐针毡。

哪怕感冒发烧，多数做妻子的也要坚持自己做家务，这并非出自对丈夫的爱，或者丈夫没有做家务的能力，而是因为妻子无法忍受自身的罪恶感。甚至有些女性会觉得，光是坐在那里让丈夫倒一杯茶过来都会紧张兮兮，倒不如自己赶紧站起来倒茶呢。

将女人束缚在“女性角色”之中的并非丈夫或孩子，而是女人本身。晚饭没准备三道以上菜肴就会被丈夫殴打的妻子，事实上比没能准备三道以上菜肴就感觉自己“很没用”的妻子要少上许多。很多丈夫可能只是别无选择，不得不顺应女性那种“这才是妻子应该做的”的臆想。

话虽如此，在拜读过岩村畅子[1]的《改变的家族，改变的餐桌》之后我不禁想，这类女性在现如今大概已经是“濒危物种”了。让孩子好好吃顿早饭的母亲、不亲手做点心就心里过不去的妻子，都在年轻一代人中迅速减少。

## 女人的天性就是照顾他人？

高龄女性的住院时间有延长的倾向，关于这点，医疗相关人士曾对我说过如下的情况：哪怕主治医生表示“你可以出院了哦”，高龄女性也会合掌请托，“医生，求你了，请让我继续留下”。女人的使命就是做家务，“家”不是不中用的女人该待的地方。更何况居家疗养，压根就没人能够看护她们。

精通残障学的社会学家立岩真也[2]撰写了关于ALS患者自我抉择的作品《不动的身体与会呼吸的机器，ALS》。在第三章中我曾稍微提过，ALS是一种会让全身肌肉逐步动弹不得、没有治疗方法的疑难病症，患者早晚都会陷入呼吸困难。到了那个关头，就必须选择是否靠人工呼吸机续命。若选择“续命”，就不仅仅是切开气管、就此失声那么简单，

[1]　岩村畅子（1953—）：曾就职于大型广告公司，现为大正大学客座教授、日本能率协会综合研究所客座研究员。

[2]　立岩真也：立命馆大学教授。

患者必须24小时不间断地连着人工呼吸机，在机械的帮助下呼吸。据立岩先生的报告所写，在进行“自我抉择”的患者之中存在男女差异。选择佩戴呼吸机的，男性患者压倒性地居多。

立岩先生表示，当人们拥有续命的手段和生活的辅佐器具时，患者却被迫在是否佩戴人工呼吸机的事上进行“自我抉择”，这也是颇为奇妙的。当某人有近视眼或远视眼的时候，就没人会强迫对方做出“要不要戴眼镜”的抉择；而之所以在人工呼吸机的问题上强迫患者做出抉择，原因就在于人工呼吸机和“你有没有能够提供24小时护理的人手”这个问题是配套存在的。

男人大可以放开了选，能够这样选的女人在人数上则明显少了很多。这也导致了佩戴人工呼吸机续命的ALS患者在性别上存在的人数差异。如此看来，带着“照顾人的天性”出生，竟与生命紧密相关。

## “大男子主义”这种病症，到死都治不好

不仅是女人，男人是不是也会对“被护理”一事感到窝囊且不好意思？至于原因，全都因为长期以来，“男子汉大丈夫”都被认为是从不依赖他人的，“自立”也代表着不需要

他人照顾。以上是来自社会学家副田义也[1]的设问。

在各式各样的否定感之中，最让人感到棘手的就是自我否定感。越是执着于“自立价值”的男性，就越对“被护理”一事感到难以接受。原来如此——以上话语让人一瞬间有此想法，但旋即又想说“等一下”，并开始重新思考。经验性的数据可不是这么说的。

日本男人被妻子照顾、打理饮食起居，早就习惯了被动地接受照顾。就这点而言，哪怕在社会层面早已是成年人，男人们的身心仍然处在婴儿状态。真到了需要被护理的时候，我也不认为他们会因为自己需要被护理而心生自责之念。最让男人们感到无可奈何的，其实是自己的家庭内部权力受损，而这也与其社会地位有着强烈关联。

我原以为，这种情况只会在男人们仍有工作的时候发生，到了退休之后也就没这回事了，但事实似乎并非如此。社会学家春日清代曾告诉我，某个因半身不遂而卧床不起的老头子，竟然挪动不自由的身体，朝着护理自己的老婆婆挥动棍棒大加虐待，同时嘴里还喊着：“你以为自己是靠谁的养老金才有饭吃的!”啊……啊，“大男子主义”这种病症，真是到死都治不好。

[1] 副田义也：筑波大学名誉教授。

## 接受护理的方法和技巧

作为被护理人的另一个问题，就是不习惯被他人照顾的女性无论接受什么样的护理，都会进入“感激不尽”“实在不敢当”的感谢模式。

“上野女士，这样行吗?”

“行，行，这就很好了。太感谢了。”

“这边怎么样?”

“好，好，这边也没事了。总是麻烦你，太谢谢了。”

状况很可能变成这样。但这样一来，对方根本搞不清到底怎样才能让被护理者真正感觉到舒适。

身为“被护理者”的大前辈的柳泽桂子表示:“当别人为你护理时，你最好能够配合护理人员的标准。”专业的护理人员会很用心地配合被护理者的标准，但最终，还是被护理者去配合护理人员的标准，才能让护理进展顺利。这都是经验之谈。

因脑瘫而导致全身残疾的舞踏[1]家金满里也是被护理方

[1] 舞踏：起源于二战后的日本。当时的日本舞蹈界反对过分西化，承认日本人身材矮小，不适合表现西方芭蕾舞的修长线条，希望创造出符合日本人身形的舞蹈。在此基础上，创始者土方巽和大野一雄逐渐创造出表现黑暗的“舞踏”。在表演中，舞者会周身敷抹白粉，弓腰折腿，或缓慢蠕动，或满地翻滚，并脸部扭曲，似乎极度痛苦。

面的专家，其经历过将自己的整个身体托付给护理者的手劲和动作习惯时的那种恐惧。而接受护理的多数患者也有过相同的经历。就跟入住高龄者设施的人们冲着自以为是的慰问者鼓掌表示“被慰问到了”一样，这样下去服务质量也不可能得到提升。

独居人士所必不可少的，是接受专业护理时的礼仪和技巧。关于让他人心情愉快这件事，现在的独居人士或许早已通过美容和按摩服务掌握了丰富的经验。然而，不做美容可以活，有些人没有护理却活不下去。进行“将自己的性命和身体托付给他人”这种程度的护理却没有相关技巧，这点着实奇怪。

并且不管怎么说，接受护理的人都是身体层面的弱者。或许患者可以通过付钱让自己看上去像是经济层面的强者，但正如我之前反复强调的，金钱和服务质量之间是不挂钩的。既然如此，为了让自己能够愉快地接受护理，就必须准备好相应的方法和技巧。

## 顾客满足度是靠不住的

只要付了钱就是顾客，但从迄今为止的研究中可以发现，“顾客满足度”在护理方面几乎不可靠。

第一个理由，被护理者事实上是接受护理方面的初学者，不具备判断护理好坏的标准。

第二个理由，没有可供比较的选项。即便不知道哪种最好，只要把两种以上的服务进行比较，就能知道哪种算是好的。在护理保险制度的基础上，许多地区在服务供应商方面的选项仍然有限。既然没得选，也就不能口出怨言；只要一想到被这些护理人员或从业者给抛弃就没有退路可言，被护理者也就强硬不起来。

第三个理由，即便有所嫌弃，也不能把这种心情传达给对方。尤其是将自己的身体托付出去时，想要传达消极的情绪十分困难。特别是女性，生来就会压抑自己，不让自己说出惹得对方不快的话。任何事都需要训练和经验。**不把讨厌的事直接说出来，久而久之就真的说不出来了。**

其中最典型的就是性骚扰。现在大家都明白，上位者利用对方不敢言说“不要”的行为大肆滥用权力即为性骚扰，“她没有表示不愿意啊”这种借口是无效的。性骚扰的加害者大多是胆小鬼。他们脑子好使得很,对敢于直接说“不要”的人，绝对不敢靠近。即便事后被受害者告发，多数男人也会硬挺着说这种事是经过双方同意的。但即使对方没特意把“不要”说出口，男人居然会感受不到对方全身散发出来的"NO"的信号吗？真想告诉他们，这么迟钝可是要遭受惩罚的。

## 做个聪明的消费者

梅·萨顿的好友——女性主义文学批评家卡罗琳·海尔布伦[1]曾有过以下发言：

"对于女人而言，愤怒是被压抑得最为严重的一种感情。"

愤怒之情被压抑久了，会不会爆发开来？这种情况或许偶有发生。但心理学层面明确显示，某种感情一旦处于持续被压抑的状态，久而久之就会习惯被压抑。感情也有表现上的技巧，一直不表现出来，就会忘却表达的方法。

只要付了钱，谁都能当顾客。服务类商品也是一种高档商品，想要提升品质，顾客的投诉必不可少。大厨的厨艺不也是被讲究吃喝的客人给培育出来的吗？据说以美食家身份而闻名的作家谷崎润一郎[2]只要吃到难吃的料理，就会一句抱怨都不说地起身就走，并再也不光顾这家餐厅。他或许是

[1] 卡罗琳·海尔布伦（Carolyn G.Heilbrun，1926—2003）：代表作有《时间最后的礼物：60岁以后的生活》（*The Last Gift of Time: Life Beyond Sixty*）等。

[2] 谷崎润一郎（1886—1965）：日本近代小说家，唯美派文学主要代表人物之一。代表作有《春琴抄》《细雪》等。

最让厨师感到恐怖的顾客，但顾客之所以能够如此不给脸，正是因为选项比较多，不是非某家不可。若非如此，想要培养好的从业者和护理人员也十分困难。

**好的商品能够培养出聪明的消费者**，这条真理对于名为“护理”的服务类商品也同样适用。

## 被护理者的十条心得

我之所以展开护理方面的研究，是为了能让自己有朝一日成为“聪明的消费者”。若无法成为聪明的消费者，也就得不到自己想要的服务，对此我心知肚明。

以下，我将试着讲述十条以目前为止的研究成果为基础的“接受良好护理的方法”，或称“被护理者的心得”。

被护理者的十条心得

一、对自己身心的感觉保持忠实与敏感

二、分清自己力所能及之事和力所不能及之事之间的界限

三、不做没必要的忍耐和顾虑

四、感觉哪里舒服或不舒服，全都用言语清晰地表达出来

五、选择容易被对方接受的说法

六、表现出欢喜，并称赞对方

七、拒绝使用过分亲昵的话语，或被当作孩子对待

八、不要对提供护理的人产生过多的期待和依赖

九、报酬以正规费用结算，不要给小费或送东西

十、幽默和感谢必不可少

## 一、对自己身心的感觉保持忠实与敏感

如果不了解自己，就无法表达自我。更何况，被护理者还是初次体验护理之人。他们才刚开始战战兢兢地与自己的身体感觉展开对话，其中还伴随着残疾、瘫痪和疼痛。虽说因脑梗死等疾病而产生的后遗症而需要护理的患者众多，但仔细想想，突如其来的脑梗死体验，或许本身就是没能足够关注“身体的声音”的代价。多数患者都曾表示“这样说来，当时有预兆……”，并对自己无视身体信号一事后悔不迭。以男性为多数的“过劳死”，也是他们不曾倾听身体的声音而导致的结果。

首先要了解自己。这就是被护理者的第一条心得。

## 二、分清自己力所能及之事和力所不能及之事之间的界限

刚成为被护理者时，有些人无法接受自己“必须有人护

理”的状态。昨天还能独立完成的事今天却做不到了，想要承认这点确实很困难。因此，有些被护理者会硬把自己做不了的事说成能做到，硬要勉强自己。而勉强只能让自己更加为难罢了，甚至还会让护理者和被护理者之间的关系恶化。自己做不到的事，就该大方承认。

想要做到这点，也需要有“勇气”。对于那些长年以来以“能干”为傲的男性和女性而言，这点尤其困难。真到了这种时候，被人说“千鹤子，你做不了哦”的话，或许我会感到幸福（？）；而反过来说，那些长年以来坚持“能做的事也假装不会做”的人反倒更如鱼得水。

人们常说，作为被护理者的关键就在于“弥补失去的能力，活用剩余的能力”。若持续假装自己什么都做不了，等到剩余能力都失去了，头疼的可是被护理者本人。

## 三、不做没必要的忍耐和顾虑

那些不习惯被他人照顾的人，会认为忍耐和顾虑是一种美德。有些忍耐力超强的人会连疼痛也强忍着，因此让病症的预兆白白溜走，最终因重症而被送往医院，落得被埋怨“干吗要一直忍耐”的下场。无论何事都要采用早发现、早治疗的方法，这样对自己、对周围人来说都是低成本的做法。**对于身心两方面来说，忍耐都没有任何好处。**

另一个关键点，就在于没必要有多余的顾虑。对于专业的护理人员而言，再也没有什么比被护理者多余的顾虑和羞耻心更难弄的了。一旦生病就要在医生面前袒露身体，也必须接受护理师为自己清洗下半身。

如果每个患者都叫着“不要啦”“讨厌啦”，还把身体扭来扭去，那压根就做不了护理。对方是专业护理人员，而自己处在需要被护理的状态，只要干脆地想明白这点，就能毫无顾虑地接受护理。只不过，在多床位房间的护理设施之中，在没有拉起帘子、隐私被一览无余的情况下接受排泄辅助则另当别论。

顾虑和羞耻心全都依赖于人际关系。不想让家人看到自己的下半身，旁人则无所谓；或者与前者完全相反；给女儿看无所谓，媳妇就不行；儿子无论如何都不能看……凡此种种不胜枚举。但假若你是除了依赖他人之外再无其他选项的单身人士，那就干脆地接受专业护理吧。做过美容或桑拿洗浴，并体验过把身体交给这方面的专业人士去处理的快感的独居人士，想必能够轻松地接受这一切。女王陛下赤身裸体地让侍女服侍，当然没有任何羞耻感可言。

话虽如此，其实我体会不到按摩和搓澡的乐趣。谁让我是被他人服侍就会感觉不舒服的“庶民”呢。对于我本人而言，克服这方面的抵触感或许也是一种课题。

## 四、感觉哪里舒服或不舒服，全都用言语清晰地表达出来

他人的痛楚、他人的快感说到底都是他人之物。他人的躯体也只属于他人。他人的身上哪里痛哪里痒,其本人“不说出来我怎么知道”。

痛楚和快感的穴位千差万别。做爱也一样，即便按照指南去做，在问对方“感觉很舒服吧”的时候，对方或许也会感到困扰。了解自己的身体是头等大事，而将自己的感受传达给对方则是次等大事。“护理”并非一个人能够搞定的行为。

假若无法将自己的感受清晰地传达给对方，对方的技术也就得不到提升。**“不说出来也能理解”这种以心传心的方法，在夫妻和家人之间也是一种禁忌。**只要把夫妻想成旁人，家人想成异文化的集合体，就能明白“不说出来就理解不了”。反之则是“说出来就能明白”。

让人头疼的是“说了也不听”“说了也听不懂”的情况，但这纯属沟通方面的问题。真碰上这种情况，那就别有顾

虑，毫不犹豫地把沟通对象换掉。夫妻和亲子之间也是如此。另外，如果想要跟对方建立良好的关系，关键就在于要把自己舒服的、不舒服的心情全都清楚地传达给对方。假如一味地传递负面信息，彼此的关系就会持续恶化。

### 五、选择容易被对方接受的说法

向对方传达讨厌的信息也有其技巧。秉着“只要我不说，事情就能圆满解决”的想法，多数女性都不会将不满的情绪宣之于口，但讨厌的事就是讨厌，并且是可以用能够让对方容易接受的方法表现出来的。

AT（Assertiveness Training，自我主张训练）、SST（Social Skill Training，社会生活技能训练）正是为此而存在的。为精神病患者而创建的“贝特尔之家”正积极采用SST。因为能够模拟各种情况，因此能够在一定程度上预测对方的反应。如此一来就能够安下心来，也能生出自信。大多数人都是通过亲身实践，以身体作为学费来掌握这些技能的，但如果能有心理咨询师或心理诊疗师，就能够在更加安全的环境之中进行学习。

我过去也曾因为多说了一句话，惹来冷场、让对方僵化，或反被对方激怒，经历过许多惨痛的教训。渐渐地，我学会了用“节能”的方式来击中对方的要害，或者在对方不注意的情况下将其击倒，把打架的必杀技装备了一身，但这些对付敌人的技巧在被护理时全都派不上用场。

护理过程中的沟通，其目的在于让对方站在自己这边，并愉快地接受自己的意愿。若达不到这个目的，一味地向对方抱怨、发牢骚、提要求，只会给自己招来麻烦。因为明白这一点，所以更加什么都不敢说，这也正是被护理者的弱点。

自己的缺点和局限，其实不必特意指摘出来，很多时候自己也隐约明白。即便所说的话完全正确，也会因为说话方式的问题而产生对方不愿聆听的情况。“注意说话方式”在家人之间也是真实存在的。

## 六、表现出欢喜，并称赞对方

有很多做丈夫的，面对妻子做的美食会闷声不响地自顾自吃，碰到做得难吃的菜却必然会开口抱怨。这里没有让做丈夫的把做法反过来的意思，但明明只要能做出正确的评价，妻子的料理手艺就能得到提升。多说赞美之词又不会让自己少块肉，虽说没必要刻意奉承，但也无须吝惜说出赞美对方的话。

只要你带着这种想法去看待他人，就能发现所有人至少都有一两个优点。我经常被朋友招待吃饭，据说那是因为我每次都会吃得津津有味，吃到美味佳肴时每次都会说“好吃”。在纽约生活时，经常跟我约饭的直美表示：“等你回国了，我吃饭时就再也听不到你说‘太好吃了!’，这会让我很寂寞的。”**仅凭一张嘴就能让朋友请客吃饭，可是很划得来的。**这让我不禁有了“无论如何都要说出来”的感受。

日本人的另一个弱项体现在表达喜悦方面。根据某个文化人类学者的说辞，这是一种在狭小的农村社会中生活，为了不引起别人的嫉妒而培育出来的一种智慧。果真如此吗?看看最近的年轻体育选手，这种所谓的国民性论和文化本质主义在他们身上一扫而空。他们会坦率地以全身表达喜悦之情。并且他们绝非“为国争光”，而是“为了自己”并获胜才生出的喜悦。

喜怒哀乐全都是社会性的感情。表达这些感情自有一套技巧，不去表达就会忘却。表达赞扬、感谢时需要言语，感情表现方面则不需要。哪怕是认知障碍越来越严重的老年人，即便没能亲口向护理人员说出“谢谢”，欢喜或哀伤的感情表现仍旧存在。认知症的患者存在认知障碍，却不存在感情障碍——以上是认知症的专家小泽勋的见解。即便听不到感谢的言语，护理人员也能看明白被护理者喜悦的模样，对于护理人员来说，这就是一种无与伦比的报酬。以《护理入门》一书获芥川奖[1]的作家暴民农里麻[2]如此写道：无论亲戚如何恶言相向，卧床不起的奶奶只对我一个人露出灿烂的笑容，这就是对我而言最好的报酬。

## 七、拒绝使用过分亲昵的话语，或被当作孩子对待

一旦人和人之间变得亲昵，说话方式也会随之而改变。不仅如此，为了能与毫无关联的他人建立关系，日本人甚至会转而使用原本应该在亲族之间的称谓去称呼对方——爷爷、奶奶、姐姐、哥哥……这些称谓的产生，是因为从开口称呼之人的视角看出去，被称呼的对象处于“叔叔”“姐姐”之类的位置。因此，在被人称呼为“奶奶”时，回复“已经有很多孙辈叫我奶奶了，我可不是你的奶奶”即可。哪怕是亲孙子，也有些亲奶奶拒绝被称呼为“奶奶”。

护理设施内频频发生的问题，就是护理职员会称呼入

[1] 芥川奖：正式名称为“芥川龙之介奖”，为纪念日本大正时代文豪芥川龙之介而设立，并由主办单位文艺春秋颁发给纯文学新人作家的一个奖项。目前该奖项的主办单位改为日本文学振兴会。

[2] 暴民农里麻（**モブ·ノリオ**，1970—）：大阪艺术大学艺术学部文艺学科毕业，研究所中辍。之后从事过各种职业，也玩过乐团，并且和朋友组建文学读书会，用以培养创作实力。他将现代社会的老人看护问题写成小说，从而成为话题。

住者为“奶奶”，或者用“啊——张嘴嘴”这种对待婴儿的方式说话。高龄者并非幼儿，而是老于世故的人生前辈，历经酸甜苦辣的古老强者。他们希望自己的人格受到尊重，希望护理人员能够用“上野女士，您怎么了”这种带上敬称、以姓氏做称呼的方式对他们说话。被护理者也可以要求对方如此称呼自己。正规的企业和设施都会如此培训员工；若非如此，即可判断这家企业或设施存在问题。

虽说无须像沙龙那般使用“尊敬的顾客”“上野大人”这种肉麻的敬语，但也无须在措辞上破坏礼节，这样对双方都有好处。礼貌用语是在双方之间拉开距离的一种技巧，只要持续使用礼貌用语，就能将“我并不想与你拉近距离”的信息传达出去。用社会学用语来说，这就是“礼仪性距离化”。在挤满人的电车上，身体紧贴在一块的两个人却避开彼此的目光；明明全都看得见却佯装看不见，宛如拉起了一层结界，全都是礼仪性距离化的例证。

礼仪性距离化之所以有存在的必要，全都因为在护理之中，随着和对方的接触，双方身上容易受伤的地方也暴露了出来。既然是“没有距离”的关系，则最好通过创造距离来保持平衡。

## 八、不要对提供护理的对象产生过多的期待和依赖

人与人变得亲昵之后就会想要撒娇，总想在工作关系上更进一步，更想要介入对方。我曾得到一个机会，向某位在神奈川县某高龄者设施内做日间护理志愿者的女性打探消息。参加日间护理的高龄者之中，有些人希望她去自己家做客，或者在自己住院后希望她去探病，但她被告诫绝对不能对此做出回应。或许听上去很冷漠，而一旦回应，她的志愿者工作也就做不长了。

部分护理设施也会积极鼓励护理职员去充当被护理者的“家人”和“朋友”，并且，人们倾向于把这种“公私混同”的护理赞扬为“家人般的温暖”或“亲身照拂”。然而，假如在工作外的时间或休息日做出带高龄者外出旅行、前去对方住宅等行为，无疑是利用护理者的善意，给被护理者做出“额外时间的服务”罢了。

护理具有“不受限制”的特点，换言之，护理的程度是“无限定性”的。家庭成员或许会背负这种“无限定性”的护理，而在时间和内容方面全都加以限制的，就是“工作”类型的护理。无论是使用者还是护理者，都有必要将其区分清楚。

被护理者很难给自己施加这样的压力。只不过，这也是

需要被护理的高龄者的人际关系太过局促的缘故。时常能够听到类似“护理小姐，好希望你能多听我说说话”“我也想这样，但真的没时间”的对话。正是因为被护理者没有其他能够说话的对象，才会将这种要求转向护理者。

护理是护理，朋友是朋友，家人是家人——大家不这么认为吗？能对朋友说的话就没必要说给护理者听，能向家人提的要求也没必要对护理者提。朋友无法替代家人，反之家人也无法替代朋友。这样一想，就会觉得护理者做不了家人和朋友也没关系。

但这种说法仅适用于有很多朋友和家人可供选择的人。即便身体不自由，只要有足够的交流对象和交流手段，无论是面对护工、家人、朋友还是护理者，都不必担心被护理者会把“无限定”的要求全都强加在一个人的身上。

## 九、报酬以正规费用结算，不要给小费或送东西

在使用人际服务时，正常付费之外的小费、谢礼该如何送，这个问题颇令人头疼。尤其是关乎性命和健康的关头，这点更加不容忽视。

手术前该给医生包多大的红包，对于患者及其家人而言始终是个头疼的问题；至于对方会不会接受，不送送看就

不会知道。医生的世界之中，有一种无须向税务局申报的灰色收入，这和给政治家的政治献金一样，完全无须写下收款证明。哪怕医院内贴着“严禁收受患者红包”的告示，哪怕医生再三强调“不会因为没收红包就疏忽对您的治疗”，都挡不住处于弱势的患者的疑心。

海外旅行的烦恼根源，也在于给人际服务从业者小费的问题。在日本没有给小费的习惯，完全不知道该给多少才合适。会不会给太多了，会不会给太少了，小费的多寡会不会改变服务质量……日本人吃饭的时候都会一直为此而烦恼。然而，只要知道正常付费中包含了“服务费”，大家就会松一口气。

护理是一种直接与自己的身体产生关系的人际服务。想要让护理者对自己好，就会想用金钱来买得对方的欢心——高龄者的这种心情完全可以理解。正因如此，护理站内部有明文规定，面对用户塞过来的红包，职员必须“果断地加以拒绝”。这是很基本的常识。然而，要抑制被护理者“想送礼”的心情也十分困难,护理者会被说成“太墨守成规了”，从而左右为难。

在被护理者的心得之中，最为重要的就是严格遵守“以言语和态度表达谢意”“该付的费用一文不差，不该给的小费一文不给”这两条规则。在护理现场工作的护理者们表示，比起收到礼品，被护理者的笑容和感谢之词更让他们感觉开心。金钱和礼品是买不来护理效果和价值的。

## 十、幽默和感谢必不可少

最后则是这条。多数的护理指南或许都会把“不要忘记感谢”放在第一条，我却选择将其放在十条心得的最后。只有在前九条全都得以实践，才有最后的“感谢”。一开始就心怀感激，是无法提升护理的服务品质的。

被人护理令人难受，这一点需要明确承认。高龄被护理者即中途残障人士，他们全都记得自己无须接受护理、独立生活的日子。不管他人如何安慰，被护理者本人很难压抑“我的状况很辛苦，很痛苦”的想法。站在护理者的视角，不仅要给对方提供生活支援和身体护理，甚至还要护理失落的高龄者的内心，负担不可谓不重。被护理者的身体，在护理者眼里说到底都是他人的身体。

与此相同的是，被护理者也可以从第三者的视角来观察被人护理的自己。“啊，原来麻痹不能动的腿这么重啊!”“这才不是我的手呢。”幽默源自谐谑，是将自己从现实中抽离出来的精神。这样一来，护理和被护理双方就能够笑成一团。如此，被护理者就不能不感谢那个在支撑着自己的人。

写到这里再回头看，以上十条可以说是所有类型沟通的基础。护理关系是护理者和被护理者的一种相互行为，因此我一直主张要交流，并罗列了适用于其他任何交流的基本原则。并且，沟通不存在单方面的当事人，因此其中当然既有“护理者的技巧”也有“被护理者的技巧”。

老实说来，等我自己变成了被护理者再来写以上十条，才能更具感染力吧。即便如此，我在与各种人会面、听取人们的经验之谈的过程中，也就逐渐明白了上述技巧。

待我真正变成被护理者的时候，或许能给这张列表做个修订版。届时哪个条目不见了，哪个条目又增加了，敬请各位期待！这样一想，成为被护理者就成了下一个乐趣。

# 第六章

# 关于如何『终结』

# 一个人的老后

おひとりさまの老後

# 遗产给谁，遗留些什么

## 死后遗产将去向何方？

最后让我们来思考一下人的死法和身后事。首先是遗产问题。工作了数十年的单身人士即便称不上是什么大富豪，多少也会有些遗留之物。

首先，是自己名下的不动产。只要没通过反向抵押将房产彻底现金流化，人们身后就会留下自己居住的房产。购买附带护理型住宅的终身使用权，或干脆地把钱全部花光是最好的，但储蓄、保险、股票等金融资产多少还是会剩下一些的。

**若亡故时没有留下遗嘱，遗产就会由法定继承人接手。**继承的优先顺序由法律决定。有孩子的由孩子继承；没有孩子而父母仍健在的就由父母继承；高龄单身人士的父母仍健在的可能性很低，若兄弟姐妹仍在，就由兄弟姐妹继承；

若兄弟姐妹也全部亡故，就由外甥或外甥女继承。

迈入超高龄阶段，亲属的人数也会逐步减少，继承权也会随之转移到远亲那里。英国小说中有富裕的老小姐亡故之后，遗产由见都没见过的年轻远房亲戚继承的片段。让人不禁暗忖，自己年轻的时候怎么没遇上这种好事。

在少子化的影响下，真正有血缘关系的亲戚本身就不多。在读完吉田太一[1]的《遗物整理者看到了!》之后发现，那些委托专业公司整理遗物的人之中有些是远亲，比如故人生前一次都没见过的外甥或外甥的孩子之流。孤独死的人们本身就亲缘浅薄，会发生这种事也不奇怪。哪怕突然被告知"你是某某人的继承人"，这位继承人也不可能负起责任来清理杂乱又陈旧的公团住宅的一小块区域。也难怪会去找吉田先生这类的从业者，表示"我不想去现场，希望委托给你来做"。

我也是"败犬"的成员之一，双亲也早已不在人世。若我没有留下遗嘱就走，遗产(居住的房产和一些金融资产)就会由兄弟以及外甥、外甥女继承。对于那些早已独当一面的兄弟，我当然没有把遗产留给他们的理由。虽说不是完

[1] 吉田太一(1964— )：大阪市立樱宫高中体育科的一期生。曾任日本料理厨师，后在运输公司工作。28岁独立创业，开始从事搬家运输业，2002年成立遗物整理专门公司"Keepers"，成为话题人物。

全没有亲情，但相比那些每年或许能见上一面，或许一面都见不上的兄弟，我还有更为亲密、更为珍惜的好友。相比有血缘关系的人，我更愿意尽可能地将遗产留给在人生旅途中相遇、比亲戚更令我珍视的人们。

哪怕我没有这种想法，存在这种念头的人应该也不在少数。比如没孩子的情侣，或与孩子关系疏远，认为自己已经尽责的人们。

因此，遗嘱必不可少。近期随着写自传的热潮，遗嘱热潮也随之而兴起。当那些按照自己的意愿生活的人们迈入高龄，想要按照自己的意愿来处理自己的身后事也是十分自然的。

面对那些想要撰写遗嘱却不知写法的人们，传授遗嘱写法的《遗言笔记》应运而生。编著者井上治代[1]在“终点中心”（Ending Center，提供死亡与殡葬相关信息与支援业务的市民团体）担任理事职务。

## 如果心意转变，也能变更遗嘱

麻岛澄江[2]和铃木富美[3]共同创作的《女人的遗言》在

[1] 井上治代：东洋大学教授。

[2] 麻岛澄江：代表作有《求助者的思想——生活在边缘、对抗权威》《家庭暴力——什么是援助？求助者应该如何思考和行动？》等。

[3] 铃木富美（鈴木ふみ）：代表作《女人的遗言》。

近期出版。封面上写有“女人的遗言，即支持着‘一个人’的我活下去的宣言”，是面向“确认为单身人士”的读者而写的遗嘱指南。

麻岛和铃木女士的作品，不仅涉及想要留下遗产的人们，还写到**“绝对不想给他们留下遗产的人们”**的清单，可谓思虑周全。例如虐待自己的亲戚、不愿与之同墓的公婆[1]、虽说是亲生却断绝关系的女儿或儿子……即便是亲戚，也不一定会受到重视；还有很多人压根不愿去重视。

遗嘱需在生前撰写，这是理所当然的。写遗嘱并非为了“死”，而是为了活着的自己。只要活着，一旦人际关系发生改变，想法也会随之而变。因此遗嘱必须注明日期，法律明文规定，标注新日期的遗嘱比旧日期的更具效力。在某个人实际死去之前，遗嘱经过数度修改也是理所应当之事。

在 40 来岁时，我写下了人生中的第一份遗嘱，契机是在外国居住。在德国居住的 1 年里，包括转机在内，我总共乘坐了 53 次飞机。飞机事故就是个概率问题，乘坐时间越长，坠机概率也会随之而增加。一想到不知何时会发生些什么，没有孩子的我想到了写遗嘱。在此之后，**随着人际关系（以及男人）的变化，遗嘱也更换了好几次版本。**

[1]　多数日本家庭实行家庭墓葬，一家人共用一块墓地。

以居住为例。现在我在东京都内拥有的自宅是四居室，一个人实在不好打理。而我也很清楚东京都内的住房状况有多糟，所以这处房产给经常驻留日本的外国研究人员及其家人短期居住，或者给亚洲的贫困留学生共同居住。

一些金融方面的资产，则在限定期间之内赠与亚洲的女留学生们作为奖学金。在零利率时代，人们根本不可能指望靠利息来获得收益，况且也没有那么多的资金，考虑到被委托执行遗嘱之人的负担，因而采用了几年内使用完毕这种万无一失的做法。当然，其中也包含了将要承担手续费之人的人事费用。

## 投资未来的喜悦

被病魔击倒、被宣告余命无法得到保证的瑞枝是一名单身职业女性。她希望在自己存活的时间里使用活钱，因而将 4000 万日元存入某个 NPO 团体，并表示希望当作培育年轻人才的费用来运用。只要积累了足够的运营技巧，想必能够成为将来的人们的参考。

历史学家胁田晴子[1]拿出自己的部分养老金，创立了女

[1] 胁田晴子（1934—）：滋贺县立大学名誉教授，石川县立历史博物馆馆长，文学博士。主修中世纪日本史和日本女性史。2010 年获文化勋章。

性史学奖。胁田女士有夫有子，在京都拥有一栋豪宅，生活无虞。她亲自任命审查委员，**得以在有生之年看到值得尊敬的年轻历史学家的成长**。原来如此，还有这种方法啊，我不禁如此感叹。

在有生之年，胁田女士能持续得到养老金。相比被利率波动而左右事业的财团，这种财政基盘更为安定。她本人就是基础，只要她还活着，基础就不可撼动。所有人都会因为希望女性史学奖能够持续，而祈祷她长命百岁的吧。曾听闻做过教师的人在认知症方面的发病率居高，我不禁想，自己会不会也变成那样呢；但在听说女性史学奖之后又胡乱猜想，万一胁田女士也患上认知症的话该怎么办……不禁为自己想象力的疯狂膨胀而报以微笑。虽然有些失礼，但眼前还是浮现出了迈入超高龄、脑子略糊涂的胁田女士坐在轮椅上，微笑着出席为年轻的女性史学家颁奖的典礼时的模样。当年轻的获奖者兴高采烈地向胁田女士表达谢意的时候，胁田女士糊里糊涂地回答“哎呀，我都对你做了些什么”的场景，一开始幻想就停不下来。

这件事我想过很久，没必要再开展什么项目去奖励那些早已功成名就之人。那些人早已得到了足够的地位和名誉。若要奖励，当然应该去奖励那些有才干又努力的年轻人。

**这才称得上是对未来的投资。**

胁田女士的女性史学奖并没有以其本人命名。而她不顾同事们的白眼，以自成一家的中世纪商业史研究者的身份公然高举“女性史”的招牌，则是很久之后的事了。在此之后，许多后辈得到培育，但在女性史得到保守的历史学界的认可之前，想必她也是饱尝苦斗和遗憾的滋味。考虑到这一领域也有迈入社会之后才开始做学问的后起之秀，女性史学奖不问得奖对象是单独创作还是共同创作，更不问年龄、性别和国籍，可谓用心良苦。

胁田女士有 3 个孩子，全都是儿子。但现在早就不是让孩子做自己学问后继者的时代了。虽说我没孩子，但长年从事教师职业的经历，让我很理解“投资未来”的价值。教育那些由他人所生、与自己没有血缘关系的孩子，是教师的乐趣之一。当我看到那些有学习欲望和能力却在经济层面苦苦挣扎的女性们——尤其是来自亚洲的留学生——我就想要支援她们。

## 死后使用“活钱”

之所以如此，全都因为我自己也是这类奖学金的受惠者。在我 30 多岁的时候，曾获得以新渡户稻造[1]命名的“Nitobe Fellowship”奖学金，并得以前往美国展开为期 2 年的留学。也正是这 2 年，大大地改变了我的人生。

在我 20 来岁[2]时，正处于 1 美元兑换 360 日元的固定利率制、外币提取限制为 500 美元的时代。与我同世代的前往海外的年轻人，通常手持单程机票，整理好出租公寓才能出去。对于现如今毕业旅行都能轻松前往海外的年轻人来说，很难想象当时的情况是什么样子的。

根据各种推算，我在那 2 年期间的花费达 1000 万日元以上。给八字都没一撇的新手研究者投资这么大一笔钱，恐怕会有打水漂的嫌疑。在多数针对理工科对象的奖学金之中，这笔奖学金的目标在于将 1000 名社会科学系的人才送往海外（到目前为止，已送出了 170 人）。现在活跃的社会科学学者之中，多数人曾受到这笔奖学金的恩惠。时至今日，我仍对鼓励我去申请这笔奖学金的学会大前辈深怀感谢之情。

眼见给自己惹出很多麻烦的研究生取得博士称号并找到了就职处，前辈对我这样说道：

[1] 新渡户稻造（1862—1933）：日本近代著名国际政治活动家、农学家、教育家。东京女子大学的创立者。

[2] 大约是 1970 年代。

“承蒙你关照了。请把这份恩情回报在将来的学生身上。”

**真是一番让人敬仰的发言。**

若要写遗嘱，并且若你已经寻得了自己遗志的执行人，就能在自己死后使用“活钱”。

## 如何清除“亲属法定遗留部分”的壁垒

然而，耸立在“遗嘱”前端的，还有一座名为“亲属法定遗留部分”的壁垒。日本法律分明是以个人主义为基础的（例如不承认夫妻共同财产或家产），为何偏偏说到遗嘱就不是这样了呢？在自己死后，完全按照自己的意志处理遗产才能体现“遗嘱”的效力，而个人意志却只能涉及个人财产的一半。

无论遗嘱写了些什么，都只对财产的一半生效，其余一半都将由法定继承人继承，日本的法律正是如此守护亲属权利的。关于法定遗留部分，若继承人是父母则是全部财产的 1/3；若是配偶和孩子时则为 1/2；兄弟姐妹则不拥有这方面的权利。

如此说来，哪怕遗嘱写下“全部财产留给友人 XX……”也是没用的？并非如此。只有在法定遗留部分的权利拥有者提出相关申请时，法定遗留部分才开始生效。话说回来，在自己死后，并不见得所有亲属都会对遗嘱毫无怨言并放弃法定遗留部分。既没有父母也没有孩子的高龄单身人士固然不必担心法定遗留部分的问题；假若其他人士无论如何都不想把财产留给父母、配偶或子女，可以向家庭裁判所提交废除某人继承权的申请，这点是从《女人的遗言》中学来的。

法律之所以维护亲属的法定遗留部分，是为了应对那些擅自留下遗嘱、不顾配偶和子女生活保障的专横老头子，进而保护女性、儿童的权利。事实果真如此吗？“明明是自己的财产，自己的权力却只能涉及其中一半，亲属法定遗留部分的规定简直岂有此理。我自己处理财产又有什么错。”当我生气地如此表示时，某人对我说了这样一番话：

“打比方说，某个有钱老年人的最后阶段是由某个亲切的保姆来照顾的，而老人又留下了‘把全部财产留给保姆’的遗言，还是会让人头疼的吧？”

到底哪里让人头疼了？假如治愈了老人晚年孤寂的真是那名女性，家人感情淡薄的问题，不是出在家人身上吗？在我看来，遗嘱的个人主义正包含了这种风险，但可能也有很多人对此表示反对。虽说社会上没有积极地推动“夫妻别姓选择制度”的民法修改，至少搞一下废除亲属法定遗留部分的民法修改运动也不错吧。

## 要不要弄 100 个养子出来？

假如女人赚得跟男人一样多，那么婚姻制度就几乎没有任何好处。不仅如此，现在的法律还使尽各种手段，劝说女人“婚后不工作更为有利”。所以我才认为，那些诱导女人去结婚的制度和法律最好不存在（因彼此的兴趣或信条等理由结婚的人们请随意。但在这种情况下，最好不要指望法律会给这段婚姻任何特殊待遇），但反过来说，正因为这种法律给了婚姻特别的优待，所以也存在“搭顺风车”的做法。在法国，承认同性婚姻、承认不分性别和亲属关系的伴侣关系的 PAX 法就是例证。然而，关系亲密的不止一个人，完全没有理由万事都最优先考虑伴侣。

关于亲属法定遗留部分，与其对此怒不可遏，不如看看反过来利用它的方法。在法律层面，“亲属”并非由血缘或亲密程度，而是由“法”来决定的关系。人们是疏远还是相互憎恶，都不是法律该关心的问题。只要反过来利用法律条款，与他人结成法律层面的家人，就能够堂堂正正地行使权利。

现阶段的法律层面，只能选一个人作为自己的丈夫或妻子（笑），并且只能选择异性；但亲子关系就简单得多。日本的“养子收养制度”原本是为了一个家族能够后继有人而设立，并非为了儿童福利或养育。尤其是成年人之间的收养，即便是单身人士也很容易完成。虽说存在年少者不得收养年长者这种年龄逆转的限制，但哪怕只年长1天，都能结成亲子关系。父母亡故又没有孩子的单身人士，要不要利用这种制度，多“领养”几个人？不是去结交100个朋友，而是去领养100个养子——人们也可以考虑一下这种有效利用法律的方式。

这种方法的弱点与婚姻制度相同，就是结成养子关系的两人必须同姓。但在日常生活中使用通称即可，并且**“亲子别姓选择制度”之类的民法修正案或许能获得通过**。女性主义者又被称为家族制度的破坏者，但她们现在可是大家族主义者。有什么可抱怨的吗？

# 除了金钱，还能遗留些什么

## 创建纪念馆，留名青史（笑）

嗯，该留下些什么呢？

单身人士当然不会留下子孙，所以也就没有自己坟墓的守墓人；既然没有守墓人，坟墓也就不需要有了。动产迟早都会用完，不动产都将交付他人。既不需要什么铜像，纪念碑、纪念馆之类也与普通人无缘。虽然也有人会出版遗著或遗稿集，但对于无关人等来说，这种书无疑只是垃圾。让自己名留百年后的青史，这种夸大的妄想不过是仅限男人的特权，大男子主义的病症罢了。

最近，为了打造观光点、振兴地方，乡土出身的作家、画家等常被邀请来打造景点。听说还掀起了建造纪念馆的热潮，可真是谢谢了。

从事新闻类工作的人，只要10年没在媒体上发言就会被世人所遗忘。读者的世代交替速度很快。位于某山中湖畔的三岛由纪夫[1]文学纪念馆、位于小诸市的岛崎藤村[2]纪念馆似乎变成了观光景点，而能够盈利的，仅限于美空云雀[3]和披头士[4]等热门人物的纪念馆。但即便是美空云雀纪念馆，也于2006年11月闭馆。热门人物被世人遗忘的速度也很快。虽说也有将民间纪念馆捐赠给自治体的情况，而这虽然称不上是麻烦事，但许多地方自治体在接收纪念馆之后，不得不负担起维持纪念馆的重担。

高知县本山町的深山内，某个小型自治体拥有大原富枝[5]文学馆。大原女士以描绘野中兼山一族悲剧的《名叫婉的女子》而获得每日出版文化奖和野间文艺奖，我也是这位女作家的粉丝，但现在绝大部分的人应该把她给遗忘了。在当地自治体首长的不懈努力下，大原女士本人捐赠的老家旧址上建起了一座精美的纪念馆，馆内复原了其本人的书斋，

[1]　三岛由纪夫（1925—1970）：日本小说家、剧作家、记者、电影制作人、电影演员，日本战后文学的大师之一，被誉为“日本的海明威”，曾两度入围诺贝尔文学奖。

[2]　岛崎藤村（1872—1943）：日本诗人、小说家。代表作有《破戒》《家》等。

[3]　美空云雀（1937—1989）：日本歌唱家、演员。

[4]　披头士（The Beatles）：英国摇滚乐队，由约翰·列侬、保罗·麦卡特尼、乔治·哈里森和林戈·斯塔尔四名成员组成。其音乐风格源自20世纪50年代的摇滚乐，并开拓了迷幻摇滚、流行摇滚等曲风。

[5]　大原富枝（1912—2000）：日本作家。在疗养结核病期间开始创作短歌和小说，此后始终如一地描写人们的生存状况、时代和社会的问题，以女性丰富的情感和社会视角而受到高度评价。

大原女士也被称为“乡土的伟人”。大原女士曾有意亲自设立纪念馆，并为此而投入私人财产，生前也为了举办文学讲座而多次往返于东京和乡村，但当我前去的时候，只听得闲古鸟的鸣叫[1]。两名女性职员闲得发慌，或许正因如此，她们对我格外亲切。

北海道旭川市内建有三浦绫子[2]纪念文学馆。话是这么说，但这人是谁？大概会有人如此反问吧。在朝日新闻社举办的“1000万日元悬赏”[3]中，三浦女士以作品《冰点》入选，最近还被改编为电视剧，由石原里美主演；该作还被数度改编为电影，或许有人还记得这些事吧。即便如此，人们的印象也就是“啊，如此说来，确实有这么一个人”的程度。除非是铁杆粉丝，否则会去纪念馆拜访的人恐怕不多。

这种纪念馆若由本人或遗属承担费用，那就跟铜像或肖像画一样，随便怎么搞都行；但若要让自治体使用公费来承担，还是加以反对的好。建造起来简单，维持则很辛苦。这不仅涉及建筑物的维持费和水电费，另外还包括了人工费。

[1] 日本俗语，原文“閑古鳥が鳴く”，意为冷落萧条。

[2] 三浦绫子（1922—1999）：日本作家。代表作《冰点》。

[3] 全名“庆祝大阪本社创刊85周年兼东京本社75周年纪念之1000万元悬赏小说募集”，由朝日新闻社在1963年举办。

## 关于捐赠书籍

如我这般水准的笔杆子为数众多，倒不必操心去建什么纪念馆，值得操心的其实是那些被遗留下来的藏书。对于研究者而言，书籍是贩售商品，因此数量绝不容小觑。话虽如此，我既不是历史学家也不是书迷，几乎没有稀缺本或初版本这种贵重物品。其余都是些杂书。

我的好友、英语文学家渡边和子[1]没有留下如何处理藏书的遗言就离开了人世。在朋友们的操持下，她的藏书被收藏在京都府女性综合中心的图书室内，并冠名“渡边和子纪念文库”。也有人在生前就表明了捐赠书籍的意愿。国际知名的社会学家鹤见和子将藏书全部捐赠给了侄子鹤见太郎任职的京都文教大学的图书馆，这些书籍同样被命名为“鹤见和子文库”，与鹤见女士的部分手稿一起被收藏。

## 干脆把藏书称重卖掉?

看了这些会不会让人感到焦急?让我捐赠藏书倒是无

[1]　渡边和子（1927—2016）：日本教育家。1951 年毕业于圣心女子大学，1954 年上智大学研究生毕业。1956 年加入圣母修道女会。1974 年获冈山县文化奖（文化领域）；1979 年获山阳新闻奖（教育领域），另获由冈山县社会福利协会主办的济世奖；1986 年获兰馨交流协会日本总会主办的千嘉代子奖；1989 年获三木纪念奖。

所谓，但藏书被冠名为“上野千鹤子文库”并被公开可就头疼了。我既非鹤见女士那样的大学者，作为野路子社会学家，藏书尽是些杂书；也不想被人评价“搞什么，她只读过这种程度的书啊”或“哎呀，这本书根本没有读过的痕迹”。并且，以“荤段子学者”为卖点的我，书架上还有很多比较危险的书。

直到现在，我都不喜欢向他人展示自己的私人书架，所谓书架，其实是反映了某个人头脑内部的一种存在。同样的关心则投向别人的书架。只要去别人家，我就会抽动鼻子，嗅到书架的方向；但在自己家是拒绝他人如此的。说到底，这种行为比窥探隐私更惹人讨厌。

因此，将自己的藏书捐赠给某处倒也无所谓，冠名“上野千鹤子文库”这种事最好还是免了。趁早写在这里，本人藏书最佳的去处就是混同在普通的藏书之中。

最近的公立图书馆普遍空间不足，就算捐赠书籍也没地方可放，反倒给图书馆方面添麻烦。并且由于制作索引的人手不足，图书馆方面还会对捐书人提出附加条件，即捐书人自己制作索引才愿意接收。这样一来，干脆当作日本女性学研究的资料，捐赠给国外那些预算不足的大学图书馆好了；但这里还有一个问题——向国外运送书籍的大笔运费由谁来负担？

现在已经进入了没有自行制作索引、没有检查重复、没有自己负担运费就没地方接受捐书的时代。或许直接称重卖给二手书店的做法更加干脆。

## 留下“自分史”

为自己而写下的纸质纪念碑，被称作“自分史”[1]。

自从历史学家色川大吉[2]发明“自分史”这个词语以来，并非名人的人们也兴起了撰写“自分史”的热潮，还出版了不少指导人们这类作品书写模式的指南。

话说回来，“自分史”也被称为“自满史”，人们很难抵挡为自己的人生“粉饰太平”的诱惑。部分政治家和创业经营者过于繁忙，没空亲自动笔，也会雇用职业写手，用本人口述“我的 X 项目”、写手听写的方式总结出一部“自满史”。

也有人会选择自费出版并分送给熟人和好友，但“自分史”这种东西就如同家族相簿，对本人及其关联者之外的人而言不存在任何价值，也不存在任何意义，不过是麻烦的物品罢了。

[1] 即“自传”。为配合接下去的文字，以下皆写作“自分史”。

[2] 色川大吉（1925—）：东京大学文学部国史学科毕业。东京经济大学名誉教授。历史学家。民众史、“自分史”的倡导者。

真正存在价值的，是带有写给特定人等信息的“自分史”。希望给自己的孩子留下一些自己曾经活着的证据，带着这种想法而写下的记录，对于子孙后辈来说或许是不可替代的宝物。

## 那些留下来

## 也只会让人头疼的东西

既有可以遗留下来的东西，也有遗留下来反而让人头疼的东西。

我的某个熟人遭遇了情妇突然死去的经历。最初引起恐慌的，是那些“成人的游戏”所用到的小道具万一被其遗属发现了该如何是好的问题。即便没发生这种情况，正为女儿预料之外的死而悲叹不已的遗属在遗物中发现鞭子、皮手铐等东西该惊愕到何种程度，简直难以想象。

女方独居，男方则持有女方公寓的备份钥匙。接下去该如何是好？从接到女方的讣报起，男方就在拼命考虑该如何避开女方遗属的注意，将那些小道具偷拿出来。

单身人士的遗物之中，也存在必须尽早封印，或者尽早处分的物品。最好考虑一下这方面的对策。

## 宠物——最让人头疼的遗物

最让人头疼的遗物，非宠物这类生物莫属。比如对于饲主过分忠诚而不亲近他人的“忠犬”，被迫留下它的主人及宠物本身都相当遭罪。都市公寓中无法饲养大型犬，至于饲养虫类这种不同寻常的爱好也只会让他人困惑不已。

身为单身人士，美惠子持续不断地饲养宠物狗，在养了11年的柴犬死去之后，57岁的她又下定决心去抱了一只甲斐犬的幼犬回家。她喜欢中型日本犬，这只附带血统证书的甲斐犬长了一张精悍又调皮的脸，一看就适合狩猎。犬类的寿命约在14年，考虑到自己的实际年龄，能带狗散步、照顾狗狗的时间也即将到达极限。美惠子带着“这是人生中最后一只狗狗”的想法挑选了这只小狗。

而即便是带着如此周到的设想去行动，人生也未必能完全按照预定来进行。宠物在高龄者护理方面起到良好效果这点也得到了证明。在供人类使用的护理保险之外，假如能有让与饲主死别的宠物在死去之前得到照顾的“老犬用护理保险”，那么高龄者应该也能够安心地饲养宠物了。宠物早已成为家庭成员，会对家人先行离世感到不安的，绝非只有孩子而已。

## 电脑、手机的内存必须额外注意

从前那些会让人头疼的遗物，无外乎不愿给他人看到的日记、藏匿起来的情书等纸质记录。现如今则变成了电脑、手机的内存。

丝山秋子[1]的芥川奖获奖作品《在海上等你》，描述了担任综合性职务的女性与同期男性之间的友情，是一部备受好评的作品。其中有男主人公骤然离世之后，女主人公以备用钥匙偷偷溜进对方的公寓，破坏男方的电脑硬盘的桥段。两人生前约定，无论谁先死去，另一个人都要破坏掉对方的电脑硬盘。现如今，电脑硬盘无异于人类大脑内容转移后所形成的记忆堆积，其中有不少让活着的人知晓后头疼的内容。

如此说来，小池真理子[2]的小说《艾瑞卡》中，还有一段外遇的人妻在入浴时猝死，手机落入浴缸中，内存被全毁的桥段。手机是外遇的必需品，而对其外遇行为心知肚明的女友们想象着，她应该是用尽最后的力气才把手机给沉

[1]　丝山秋子（1966—）：毕业于早稻田大学，曾在日本各地担任营业员，1998 年由于心因性躁郁症病发，两度停职。1999 年入院治疗，开始动笔写小说。代表作有《在海上等你》《逃亡大胡闹》等。

[2]　小池真理子（1952—）：日本小说家。代表作有《恋》《无伴奏》《狂月》《琉璃之海》等。

入浴缸之中的。为了以防类似的不时之需，或许最好不要给手机加上什么防水功能。

## 人们死后会遗留些什么？

人们死后会遗留些什么？物品会分散、消失、腐朽；不动产会落入他人之手。最后所遗留的，就是残存在人们脑内的记忆。

**人们会死去，然后残存在其余人等的记忆之中。**而这些记忆，也仅限于在其余人等尚且活着的阶段残存，当这些人也全都死去，记忆也必将迎来消失的命运。

欧美家庭有在暖炉上或床边装饰家族照片的习惯。只要照片上的人还活着，就会每天传达出“我想着你”的信号；而一旦亡故，照片就会变成牌位的替代品，可以将其想成类似日本的神龛或佛龛的东西。

无论是牌位还是家族照片，对当事者以外的人等而言都是毫无意义的东西。同理，再也没有比前去朋友家拜访，被迫欣赏家族相簿更痛苦的事了，因为被迫欣赏的人不得不对着见都没见过的好友亲属一一发出“哎呀”的感慨，或对压根不认识的、曾经的婴儿或幼儿的脸发出“好可爱呀”这种完全不走心的社交辞令。不得不对那些跟自己完全不熟的人的过去表达关心，可谓最大的痛苦。唯有相片上的当事人去回味，才能反复体会出乐趣。即便他人说“让我看看”，也不可轻率地拿出相簿，对于此事我铭记于心。

只要对某人的记忆仍旧残留，就可以把那个人的照片装饰在暖炉上。只要记忆仍在，死者就会在某人的脑中继续存活。他人会记得，某个人曾存在于世间。而当“他人”也接二连三地死去，自己曾存在于世间的痕迹也在一点点地被抹除。这也不算什么坏事。

这就是记忆与铜像、肖像画的不同之处。真不知那些想要拥有不朽的纪念碑、超越历史留下名号的人是怎么想的。莫非是感觉在世期间自己燃烧得不够充分吗？真叫人同情。

# 关于死法

## 名为“自然死”的谎言

说到单身人士的老后，话题立刻回到“孤独死”这几个字上。

本书第五章也曾提到，死法似乎也分成“正确的死法”和“不正确的死法”，孤独死大概无法归类到“正确的死法”之中。

医疗社会学者美马达哉[1]将“自然死”的概念表述为：社会层面规范的“美丽死亡”，而非“放任其自然死亡”（《不让人活下去的现象学——围绕安乐死的讨论》）。以这个标准来看，“‘孤独死’作为一种自然状态下没有外力干预的死亡，绝对谈不上是一种自然死”。

[1] 美马达哉：立命馆大学尖端综合学术研究科教授、脑神经内科医师。在脑神经内科从事临床工作的同时，用社会学的手法进行医疗和生活相关的人文学研究。

“社会规范的自然死”又是什么概念？根据美马老师的说法：①本人意识到死亡临近；②本人及家属为死做好了准备；③经济和法律层面的准备全部完善；④工作等社会层面的责任全部终结；⑤向周围的人们做过了告别。“社会规范的自然死”包括上述五个条件。**唔，这能称得上“自然”吗？**到底能有多少人按照这个标准全部完成，达到“自然死”呢？

“所谓自然死，与独自一人的孤独死恰好相反，是指家人能够‘目睹其死去’的社会层面的死亡。”这就不能被称为“自然死”，而应该叫“社会死”了。

## 即将死去的人是我，不是你

当我照顾临终的父亲时，以下想法向我袭来：

“虽说很可怜，但即将死去的人是你而不是我。临终之人的孤独，我是不能理解的。”

“死亡”这种经验会平等地造访每一个人，却是一种无法分享、唯有自己能够体验的经验。

既然如此，先前提到的“自然死”的条件，就并非为临终之人而准备，而是为其家人而备的、字面意义的“社会层面的死亡”的条件。换言之，在这个国家之中，唯有在家人的看护下走向死亡才能被看作“自然死亡”。

然而，所谓的超高龄社会，意味着部分人或许将比任何家人都要来得长寿。现如今，除非具备相当的条件，否则想要在子孙环绕之中迎接死亡绝非所有人都可能实现的死法。如果这种死法才能够被称作“自然死”或“正确的死法”的话，那么不仅会给达不到这些条件的大半人等增加不必要的恐惧心理，还会助长其余家人不必要的罪责感，比如“竟然没见到最后一面”“是我让他独自死去的”之类。

## “陪伴家人直至其咽气”是被遗留下来的人们的执念

中年单身人士百合子的家庭中唯有自己和母亲，因脑梗死而半身不遂的母亲在每天通勤的护工的照拂下，与百合子同住。某个周末，百合子因紧急工作而出门上班，回家时母亲已经亡故。她拥抱着母亲仍有余温的遗体痛哭不已，并且不断以“工作明明可以推到第二天再做，竟然让母亲孤独地死去”而自责。

母亲独自过世是女儿的不幸，而过世时身边有没有人，母亲本身或许完全没有放在心上。赴死是一种彻底孤独的行为，谁都代替不了谁。虽说我自己也没死过，因此也说不准，但或许对于临终之人而言，死亡的瞬间身边到底有没有人陪伴，根本算不上什么大事。

希望“见上最后一面”，其实是被死者遗留下来的家人的执念。“陪伴着家人直至其咽下最后一口气”的行为，并非为了临终之人，似乎是为了继续活着的人们而存在的。哪怕住在一起，也有人会在睡梦中过世、在家人外出时过世，甚至家人稍稍挪开一下眼光都有可能发生某些情况，因此最重要的，是保持“随时都可以告别”的心情去生活。

长年累月在自宅内照顾卧床不起、高度依赖护理的婆婆的喜美子，依旧会跟朋友一起外出，也会前往市中心购物。她坚定地表示：“我已经做了这么多，所以不管发生什么事，都不会留下遗憾。”或许有人会说“这就是亲生女儿和媳妇之间的差别”，但就喜美子而言，她远嫁的女儿也很少能回娘家，或许都赶不上见母亲最后一面。“并非是临终之人想以怎样的方式死去，而是其他人想用什么样的方式让临终之人死去”，这事实上应该都是生者的执念。

无论是不得已还是自我选择，**单身人士都是从“家族”中解放出来的人**。其中也有像我这般没有组织家庭的“确信犯”，当然不可能有人看着我咽气。假如入住医院或相关设施，大概会在医疗和护理方面的职业人员的看护下咽气吧，只要对这些人道谢后死去即可。至于亲近的人们，早在那之前就道过别了。

该怎样做，才能逃离“单身人士即孤独死”这种等式的诅咒呢?

## 孤独死可怕吗

在前篇介绍过的吉田太一的《遗物整理者看到了!》中，他所记录的孤独死案例，全都集中在“55岁到65岁的年龄层”，这点颇让人吃惊。正如吉田本人所说，想要把这些案例形容为“独居老人的孤独死”的话，那些逝者却仍在“年轻到称不上是老人的年龄”，并且几乎所有的案例都是男性。

### “孤立”所孕育而出的“孤独死”

经由吉田所处理的孤独死案例，多为死后数周到数月才被发现的。尸臭熏天、腐坏加剧、蛆虫不断涌出，光是读到这些文字就感觉臭气扑鼻而来，让人心生不快；而吉田对众人的爱，在保证了文章品格的同时救赎了读者。人可以独自死去，但处理包括自己遗体在内的身后事，并非一个人能完成的工作。除了会很寂寞，孤独死还传达出“这事很麻烦”的事实。

读罢此书，或许多数人会产生恐惧心理。但只要读过此书就能明白，那些不得不委托专业的遗物整理人士、以异常的死法离世的孤独死的死者，生前就过着异常孤独（或许正确的形容词应该是“孤立”）的生活。吉田的报告文学中，充斥着因失业、离职、家里蹲、NEET 族、离婚、与家人不和等缘由，而过着孤立生活的人们。而且，从未向任何人求助并陷入穷途末路的，主要都是男性。

吉田对高龄者的孤独死表示担忧，但在此之前不得不挂心的，则是高龄者的“孤立生活”。过着孤立生活的人们，终将迎来孤独死。生活方式与死亡方式紧密相连。人们绝不可能突然陷入孤独死的状态。

《遗物整理者看到了！》之中，也记录了在豪宅中死去半年到一年以上都没被人发现的老年女性的案例，但背后的情由是她早已跟亲族断绝了关系。读者都会如同吉田这般，对这个案例颇感不可思议：既然这么有钱，为什么不去依赖他人？即便疏远了亲属，难道连一个朋友都没有？朴素的疑问会很自然地浮现出来。

而为迎接“一个人的老后”做好准备的你，与这种“孤独死”是完全无缘的。读罢此书，读者反倒能够感到安心，想着“我不会有问题的”。

## 朋友是单身人士的安保网络

单身人士的“孤独死”，最多也就是死亡的瞬间身边没有家人陪伴的程度。**这方面的觉悟，单身人士早就有了。**而单身人士的条件，实为拥有“好友网络”。反过来说，没有“好友网络”也就无法安心做个单身人士。

即便如此，吉田也在自己的书中反复写道，作为一件“物品”，太晚才被发现的遗体其实是很棘手的存在。不光是遗体，自己死后该如何处置遗物，也是单身人士有生之年的重大心得。

若有家人同住，死后应该能被立刻发现；独居老人只要拥有近邻的看顾网络或定期访问护理，也能在死后数日内被发现。只要有时常保持联络的好友关系，就有人能发现异常。

在与我有关系的退休人员关系网中，信赖关系高到大家相互拥有对方家门的备份钥匙。某回，某位独居高龄男性好几次没接大家的电话，持有他家备份钥匙的人怕患有心脏病的他在家中病情发作了，立刻进入他家中确认。这种“小小的多管闲事”网络，正是独居人士老后的安全网。

既然如此，为何无论如何洗刷，都洗不掉“孤独死”带给人们的负面印象?

既然独自生活，那么独自死去也是最基本的事实。独自生活的人唯独在死前才被平日里疏远的亲属给包围，这点本身就很不自然不是吗。

## 法医口中的“理想死亡”

遗物整理师的工作，是在遗体被收拾完毕后开始整理死者的房间；而收敛孤独死者的遗体、为调查死因而进行解剖并写下意见的，则是法医的工作。想要火葬，医生的死亡诊断书必不可少，没有医疗相关文件的死亡，几乎都是法医检案的对象。这份工作不可谓不辛苦。

**围绕“孤独死”，就职于东京都监察医务院的小岛原将直有一段演讲录影。**影像登载于东京都监察医务院的主页[1]，所有人都能够阅读。

顺带一提，根据上述主页所提供的数据显示：2005年东京都23区内的年内检案数为“11974具,解剖数为2702具;平均每日检案数为32.8具，解剖数为7.4具”，以上检案数据约占据23区内全部死亡者人数的18%,“换言之，平均5.6人中就有1人死于原因不明的疾病或事故，需要由法医提供检案”。比例如此之高，我大概也会受到这方面的照顾，所以还是做好心理准备吧。

小岛原的演讲以“对于亲朋好友的死，无论人们如何肝肠寸断，也绝对不可能了解死者的心情。因为死的人不是自己”为开篇。哎呀，简直太有道理了。

接触过为数众多的“孤独死”事例的小岛原表示:“造成独居局面的理由是非常个人化的问题，旁人将其视作‘孤独’则大错特错。”他所体验过的“孤独死”，全都是与孤独无关的短时间的死亡。

同时，他还引用了尼采的一句话:“被抛弃与孤独是两回事。”倒不如说，孤独死是自己理想中的死法。他在演讲最后如是说:

“死亡不知何时会向人们袭来。因此，不要太过妥协，

[1] http://www.fukushihoken.metro.tokyo.jp/kansatsu/

不要把自己当作一个没有自我的集团中的人并就此终结一生，平日里就要把‘孤独’珍视起来。”

独自一人的痛苦与不让人独处的痛苦，到底哪种更为严重？压力、问题全都由人际关系而引发。只要“独处”成为基础，内心就能够得到平静。

## 独自死去完全没问题

小岛原所轻描淡写地记录下来的“孤独死”事例并非关乎“死法”，而是“活法”的事例。**人类都是向死而生的。**

在此基础之上，小岛原给高龄者的建议有以下5条：

1. 活着的人都是在等死之人。因此独居者在发生骤变时，应做好尽早被他人发现的万全之策。

2. 并非在众人环绕之下迎接死亡才是最好的死法。说到底，死亡都是独自完成的事。

3. 不要害怕孤独。积累了诸多经验的老人都或多或少地很有个性。既然决定为自己而活,就不要在意世人的眼光。

4. 对于街头巷尾充斥的“孤独死”，没必要感到无以言语的恐惧。实际层面的死亡一点也不痛苦，也不会感觉到孤独。

5. 不要倚赖所谓的健康法。

什么嘛，就这些小事的话，我也做得到。**最后那条“不要倚赖所谓的健康法”很让人喜欢。**也有朋友向我推荐糙米素食，但无论做些什么，人们时间一到必定会死。对于“人类之死通常是由偶然所造成的”这种生死观，我持全面赞同态度。

监察医务院的主页上居然有如此伟大的、关于“孤独死”的论点，将这件事告诉我的是一位与我同辈的新闻记者，但这些内容单单放在主页上不免太过可惜。演讲录的开头有模仿尼采“为所有人而作的演讲，不为任何人而作的演讲”这句话；以德语书写的句子：“懂的人自然懂，不懂的人无论说什么也不懂。”这种尼采流的孤高虚无主义，不禁令人陶醉。

然而，大多数的日本人都喜欢家族。真正的“社会性死亡”——在家族之中死去——似乎被规范为“自然死亡”；对“孤独死”则避之如蛇蝎。历经太多孤独死事例的小岛原的头条建议，就是**“独自死去完全没问题，但考虑到为死者处理身后事的人们，必须做好尽早让人们发现的安排”**，这句建议极为现实。对于独居人士而言，这种程度的心得应该做起来完全不费劲。

## 想要怎样被吊唁

葬礼、吊唁都是活着的人们的工作，与死去的我无关。（笑）

话虽这么说，总也要顾及浮世的情面，最好还是能做好最低限度的希望和准备。

### 想要怎样的葬礼

死后就会有葬礼。

首先，是要不要融入宗教色彩的问题。假如是特定宗教的信徒，这样做固然好；但就跟婚礼一样[1]，**明明一次都没去过教堂，念着“阿门”也很奇怪**。明明是个除了扫墓完全与寺庙无缘的人，死后却突然得到一个戒名[2]，也让人不

[1] 日本婚礼通常分为西式和日式，有些从来不信教的人也会选择在教堂结婚。

[2] 戒名起源于中国，原本是出家僧侣受戒后被赋予的名字。与佛教一同传入日本之后，与日本本土思想融合，产生了世俗之人死后获赠戒名这一独特现象。

习惯。如同“葬礼佛教”这个异名一般，人们会为给不需要本钱的和尚多少布施而头疼，也不喜欢因金额而改变戒名的位置。反正人都死了，按照让活着的人舒心的方式去举办葬礼就好，因此死者会留下话说“全都交给你了”。但这或许会让活人为难。

最近有所增加的并非“人前结婚”[1]，而是“人前葬”。将故人埋葬在其喜欢的花卉之下，或者举办音乐葬礼，“人前葬”的形式多种多样。祭坛、神佛一概不要，只需一张故人的照片即可，也有人在生前就准备好自己喜欢的照片，交给朋友说“到时候就用这张”。婚礼上会请专业人士拍摄写真，用在一生只有一次的死亡旅行上的照片，也可以请专业人士来拍摄。也有人准备好自己喜欢的音乐，用来代替赞美歌和念经。还有人会设计好自己死后的装束，甚至亲自动手烧制自己的骨灰坛。

**这是为启程而做的准备**，因此就像要去某个遥远的国度旅行那样，**开开心心地做好各种准备即可**。

我是巴赫音乐的铁粉，所以想用巴赫的受难曲办一场音乐葬。到底该用《马太受难曲》还是《约翰受难曲》，着实

[1] “人前结婚”：或称“人前式婚礼”，指不受结婚双方家庭宗教信仰的约束，双方在众人面前签订结婚合约书，然后朗读内容即宣告礼成的婚礼。

让我迷茫。仔细想来，虽说受难曲源自基督教，但这种打马虎眼的事,应该是日本人的特权吧。巴赫都过世超过 50 年了，也就不存在版权方面的问题。

不过话又说回来，过于原创的葬礼指示，只会惹来负责操办葬礼之人的厌恶之情。明明季节不对，却表示“把我葬在我最爱的卡萨布兰卡的花丛之下”等，如同“母亲命令孩子去冬天的森林里采草莓”般的无理要求，最好还是不提为妙。一句“这是故人的遗愿”，不知会让多少活着的人们为实现这件事而奔波。

然后，请伴着“谢谢”的话语，将包含负责为自己举办葬礼之人的人事费用在内的葬礼相关费用准备妥当。

如果不想要葬礼，也可举行密葬，随后举办追思会。这样一来就能让活着的人们随意操办，无论何种形式都无所谓。并且追思会的费用，只要用会费凑上就够了。

是不接受奠仪，还是将奠仪捐赠给某处，都需要果断地定下来。住在金泽这种古老地方都市的我很清楚，按照金额返还一半这种事到底有多烦琐，会给活着的人们增加多少负担。

## 如何处理遗体和遗骨

只要在生前签署“同意书”，就能在死后捐献遗体供解剖使用。然而，对方也希望能够得到内脏器官100%完整的遗体，对于做过手术、失去了部分器官的我而言，自己的身体在解剖方面似乎派不上用场了。

假如是忽然横死，也能够提供自己的器官作器官移植使用。当然，假如是超高龄单身人士的话，我不认为能在这方面起到什么作用。无论痛还是痒，都是活着才会感受的事。只要是能派得上用场的部分，统统拿去物尽其用——我很喜欢自然葬（让鸟、鱼、犬类等把遗体吃掉）的思想，但在现如今的日本应该是实现不了的。

火葬为日本的主流，遗体火化之后就成了骨灰。在火葬文化圈中，即便是客死外国之人，只要就地火化并将骨灰带回故国即可；而在土葬文化圈，不让家人见到逝者的遗体，家人是不会接受“死”这件事的。美军会将死者装进塞满干冰的棺材中，用飞机运回死者的故乡。虽说花费惊人，但不这样做，逝者家属恐怕是不会接受的。旧海军之中会为死者举行随海波而去的水葬，这样做反倒爽快。

在日本，遗骨即死者的标记。和遗体不同，遗骨在搬运、分散上都十分便利，因此也可以“分骨”。有时也会因遗骨处理而引发遗属争执。

好友美智子将母亲的遗骨碎片放入母亲的遗物——意大利制的挂坠盒中，并随身携带。这是她悼念母亲的方式。

和美女士（年逾六旬）曾有一只看作伴侣、共同生活了14年的老狗，在老狗死去3年之后，她仍未将遗骨带去墓地埋葬，而是与狗狗的照片一起摆放在起居室中。她尚未从丧失狗狗的哀痛中治愈，也没有气力再养一只狗。也只有干净的、体积不会太大的遗骨才能以这种形式摆放。

大阪有家寺院，会祭拜那些死后无人祭拜之人的骨灰所集成的“骨佛”。总有没有孩子的夫妻、将来无人守墓的人们前去咨询。纳骨费用15000日元起，永久供养费用则为10万日元以上（“以上”部分似乎随意），可说相当便宜。

## 坟墓该如何处置

接下来谈谈坟墓。

“终点中心”的井上治代以“坟墓”为主题撰写了博士论文，是不折不扣的“坟墓博士”。现在他的工作是大学老师，但原本是非虚构类作者，从妻子们“不想和丈夫葬在一起”的低语开始做取材工作。

因遭受家庭暴力而不愿与丈夫同葬；因自己再婚而不愿埋进有丈夫前妻在的坟墓里；因遭受婆婆的欺凌，因此死也不愿埋进夫家“祖祖辈辈的祖坟”之中……不愿和丈夫同葬的缘由多种多样。这种行为被称作**“死后离婚”**，而做丈夫的大概做梦都想不到，妻子在活着的时候竟然是这样想的。

### 坟墓也存在“潮流”

森绫子是关西方向的坟墓研究者，也在为阪神、淡路大地震中以志愿者协调员身份而大为活跃的特定非营利活动法人“宝冢 NPO 中心”工作。大阪的寺院祭拜“骨佛”一事，也是她告诉我的。

根据森女士的研究，“祖祖辈辈的祖坟”的历史其实并不古老，最早也就是从幕末时期才开始流行。在此之前，坟墓的形式不是竖立“卒塔婆”[1]的个人坟墓，就是村内的共同坟墓。不仅如此，还有把埋葬的目的和祭拜的目的分开、祭拜的地方没有遗体的习俗。

说到底，“家”的观念在平民之中广泛传播的历史本身也没有那么古老。托都市化之福，墓地潮流在大都市兴起，也应该是因为那些来到都市的家族次子、三子等创建了自己的“家”的缘故。从前，一生不婚并“住房间里”的次子、三子等，死后必定会埋葬在长兄家的墓地里。1960 年代，公营墓园在郊外接二连三地推出，也有人担心这样下去，继住宅不足之后又会引起墓地不足，但那也只是暂时的。少子化迅速发展，随着双方都是独生子女的人士结婚，人们又不得不开始考虑“家”的“统废合”问题，同时，墓地的“统废合”也不得不进行考量。所谓“祖祖辈辈的祖坟”，其寿命出乎意料地短促。

[1] 卒塔婆：立在坟墓后面、上面写着梵文经句的塔形木牌。

墓地也存在“潮流”。最近的俄罗斯流行将故人的照片用激光雕刻在石碑上，制成气派的个人墓。以花岗石制作的气派墓碑看上去十分昂贵。市场化使得贫富差距拉大，想要彰显故人成就的人似乎也在增加。第一次见识到的时候，被墓地中好几个与真人的脸等大的面部肖像并排陈列的模样吓了一大跳。因为原本是照片，这样一来显得十分逼真，反倒让人感觉不适。真希望这种潮流不要扩散才好。

## 单身人士打造的共同墓地

假如觉得个人墓地不断增加会给人带来困扰的话，还有共同墓地的选项。“独妇联”——独身妇女联盟——的谷嘉代子等人，曾在嵯峨野的常寂光寺之内创建过“女性之碑”。

与现在的时代不同，过去的单身女性想必在生活和遭受歧视方面都过得相当痛苦。她们没有孩子，当然也不可能有负责守墓的子孙。既然如此，就与同伴们一起创建共同墓地吧。她们的宗旨得到了常寂光寺住持的共鸣，并为其提供用地。那块墓地现在已不再接受新的纳骨，但在共同墓地的尝试方面，仍是一个历史性的珍贵案例。

既然提到共同墓地，当然也有企业墓地。对于那些并非靠“公司命”而活的单身女性而言，不知能不能理解那种“死后也要跟公司在一起”的心情。

## 葬礼的种类繁多

最近，自然葬和散骨成为潮流。在井上治代担任理事的“终点中心”，除了在樱花树下长眠之类的“树葬”，葬礼、墓地的种类繁多。散骨打着“回归自然”的旗号，人气颇高，但也有人质疑：把遗骨随便乱撒真的没问题吗？事实上，法律层面并没有制定“散骨”的相关规则。法律（墓葬法）制定之初，本身就没设想到“散骨”这条。无论是大海、高山还是自家庭院，作为埋骨之所都一样。法务省、厚劳省也表示：“只要有节制地以某种送葬形式来进行就不成问题。”只不过，在散骨之时，为了不给他人造成麻烦，遗骨需要粉碎到让人辨认不出是骨灰的粉末化状态，这方面的顾虑必不可少，一些自治体也有相关条例进行规制，需要格外注意。

我的旧友松井真知子[1]是《在美国，带着乳癌生存》的作者。在她倾注了身为社会学家的全部经验和技能、记录了令人感动的与病魔的斗争史出版之后，她前往北欧去做临终

[1] 松井真知子：社会学者，代表作有《在美国，带着乳癌生存》《短大该何去何从——性别与教育》。

关怀方面的取材,并在旅途中过世。彼时她已来到癌症末期,也有人劝她打消旅行的念头,她却表示“死在哪里都一样”,将自己想做的事贯彻到了最后。而这一切之所以成为可能,也正是有那位比她年少 13 岁的伴侣多年支持的缘故。

在她客死挪威之后,那位伴侣从日本请来了她的亲属,在当地进行火化,又将其遗骨带回美国得克萨斯州的自宅。还没来得及悲哀,就在人生地不熟的地方做了这么多的安排,该有多不容易啊。

松井女士的遗言是:“把我的遗骨带到我最爱的冲绳大海,在那里进行散骨。”那位伴侣又从美国赶来日本,与遗属、好友一起租了一艘船,开往蓝色的遍布珊瑚的大海。这趟冲绳之旅,对于活着的人们而言成了一场意想不到的“追思会”。

## 与爱犬一同长眠于“犬文字山”

我有一个非常喜欢西藏的朋友。按照顺序来说,此人应该会比我早死,这让我不禁联想,若此人提出“想在西藏进行散骨”的话该怎么做。去西安需要在北京转机,这就需要一整天;从那里到达拉萨又是一天。青藏铁路已开通,但走这条线仍然很遥远。虽说很想完成故人的遗愿,但届时我应已迈入高龄，究竟能否承受将近4000米的海拔为其实现心愿呢?

与之相比，我自己的散骨希望显得微不足道。居住在京都的那段日子里，我十分期待每年8月16日举办的五山送火[1]活动。当时,我在京都的自宅是公寓楼最上层的阁楼。在正对大文字山[2]的屋顶上与朋友们举办露天啤酒派对，是每年的例行活动。

在我就学的京都大学中，有一个从很久之前就在学生之中流传的说法：**在"大文字烧"之日，手持柴薪站在会让"大"字变为"犬"字的位置**，在京师众人的见证下将"大"变为"犬"，可就立大功了。事实上，在消防团总出动的戒严态势之下，谁都不可能完成那么显眼的装置。

然而，我本人却有一个隐秘的希望：将我的遗骨带到把"大"变为"犬"的那个"点"的位置并散骨。事实上，我深爱着的小鸟和狗狗已经埋葬到了那个位置(具体地点保密)，我也希望能在同样的地点长眠。这样一来,每年送火的时候，大家就能够看到"犬"字了……总觉得这种程度的愿望还是

[1] 五山送火：也叫五山送神火，每年8月16日在环绕京都盆地的群山的半山腰上用篝火描绘出巨大文字的活动。

[2] 大文字山：五山送火举办时燃烧篝火的其中一座山，以燃烧起"大"字的篝火而闻名。与其同样有名的还有松崎西山和东山的"妙""法"字篝火。

能够得到实现的。假如公开这个想法，不久之后就会出台某种限制条例，是不是还是不要公开为好?

## 单身人士的五种身后准备

从结论说起，逝者的心声其实是“身后事我就管不了了”。在有家人的情况下，只需遵循家族迄今为止所积累的习惯和礼仪行事即可；单身人士则无法仰仗这些习惯，而不得不思考身后事该如何处置，并且还必须是尽可能不给负责处理自己身后事的人们增加负担的做法。

在此期间，单身人士的葬礼方式、墓地的选项等应该会越来越多，而在此之前，除了不断试错之外别无他法。直到死亡的前一刻，甚至在死后仍在不断挑战全新事物的人生，或许才是最符合单身人士的。

若将在此之前所尝试过的方法总结出来，就能得出以下5条：

1. 为了死后能够尽早被发现，需要建立密切接触的人际关系。

2. 那些会给活着的人们造成困扰的遗留物，必须尽早处理干净。

3. 关于处理自己遗体、遗骨的方式，最好不要让活着的人们感到棘手。

4. 关于如何举办自己的葬礼和挑选墓地，最好不要让活着的人们感到棘手。光说一句“全都交给你了”固然让人为难，但也不要反其道而行之，留下太过独创、一点都不普通、会给实行的人们造成困扰的希望。要知道，这些身后事毕竟是别人帮你完成的。

5. 把能够将上述事宜执行到最后的费用，连同谢礼一起准备好。千万别认为调动人力是免费的。

这样连在一起看，也不是什么大不了的事。

每一个长寿的单身人士，对此都能运用自如。

**这样一来，是否就能安心地闭眼了呢?**

# 后　记

此书是我继处女作以来，久违的新写单行本作品。

能有这番成绩，全都是拜法研[1]精明强干的编辑——弘由美子所赐。她行动迅速，干劲十足，在一起玩的时候，不知不觉就把我给拉进了工作中，等我回过神来，她早已化身魔鬼催稿者（笑）。“Ad-live 企划室”的武井真弓也发挥起细致的工作态度，给我提供了诸多帮助。

我们三个人都是五十来岁[2]，合称“败犬”三人组。而我们三人之所以能够组成“三驾马车体制”，是因为本书的主题绝非他人之事。我们都从护理父母的工作中毕业，但自己的老年生活也近在眼前。在护理父母的过程中，我们说着“妈，幸好有我在你身边”，其背后则是被“等我老了又该怎么办?”这种不安所困扰的体验。

[1]　本书日文原版的出版单位为“株式会社法研”。

[2]　此处的时间为日文原版初次出版的 2007 年。

仔细想来，单身女性一路走来到底遭受过多少“等你老了以后怎么办”的威胁？不仅如此，社会上还到处充斥着煽动老后不安的信息。就算有孩子，也不知道能不能靠得住，更遑论没有办法“依赖孩子养老”的你，都该怎么办？

我们一直被告知，不结婚就会变得不幸。

然而，不婚也有不婚的快乐。也有人认为离婚代表着人生就此完蛋，但真的试着做了就会发现完全 OK。还有人被告知，不成为父亲或母亲就只能算半个成人。但通向成熟的道路绝不仅限于“成为父母亲”这一条。单身人士，也绝对不意味着“好可怜”或“不幸”。

越是长寿，单身人士就越会增加。在超高龄社会中，长寿之人“全员单身”的时代即将到来。与其害怕一个人的老后生活，不如直面“基本都是一个人”的生活。只要消除了不安，就会想到“什么嘛，单身的老后生活原来这么开心”……如此一想，我也为了我（们）自己，写下了这本《一个人的老后》。

而在背后推动我的，全是那些已经过上单身老后生活的女性前辈们。正因为有了她们在生活上的智慧和经验积累，我们才能够不带焦虑地迎来老后生活。因为我们就是这样生活过来的。香山理香[1]、酒井顺子，现在已经不存在“老后真恐怖”的想法了！

所谓“不安”，是指弄不清恐惧对象时才会产生的情绪。只要一一去除不安的因素，就能明白任何事都是可以依靠自己来解决的。假如你真的做不到，最后还有一样“女人的武器”——开口说“拜托，帮帮我”即可。

什么，你问“男人又该怎么办”？

这种事我怎么可能知道。

那男人就尽可能地做一个能让女人爱怜的人吧。

写于滴绿的初夏午后。

上野千鹤子

[1] 香山理香（香山リカ，1960—）：立教大学现代心理学部映像身体学科教授。专业为精神病理学，运用其临床经验在报纸、杂志上发表社会批评、文化批评、书评等。持续对现代人的“心病”保持洞察姿态。

# 一 个 人 的
# 老 后

おひとりさまの老後

图书在版编目（CIP）数据

一个人的老后 /（日）上野千鹤子著 ；张静乔译
. -- 武汉 : 长江文艺出版社，2023.6
ISBN 978-7-5702-3034-1

Ⅰ. ①一… Ⅱ. ①上… ②张… Ⅲ. ①人口老龄化－女性读物 Ⅳ. ①C913.6-49

中国国家版本馆 CIP 数据核字(2023)第 057846 号

湖北省版权局著作权合同登记 图字：17-2021-221 号



一个人的老后
YIGEREN DE LAOHOU

责任编辑：孙　琳　　　　责任校对：毛季慧
装帧设计：自有文化　　　　责任印制：邱　莉　杨　帆

出版：长江出版传媒 | 长江文艺出版社
地址：武汉市雄楚大街 268 号　　　　邮编：430070
发行：长江文艺出版社
http://www.cjlap.com
印刷：湖北金港彩印有限公司

开本：787 毫米×1092 毫米　1/32　　印张：8.75　　插页：2 页
版次：2023 年 6 月第 1 版　　　　2023 年 6 月第 1 次印刷
字数：152 千字

定价：49.80 元